高空间分辨率遥感影像质量评价及其对土地利用图斑提取的影响研究

程结海　著

中国矿业大学出版社
·徐州·

内 容 提 要

本书以高空间分辨率遥感影像为研究对象，开展高空间分辨率遥感影像的基础质量评价及基础质量对土地利用图斑提取精度的影响研究，提出一套完整的评价高空间分辨率遥感数据质量的框架体系，并从影像分割质量和分类精度等角度构建用以度量高空间分辨率遥感影像应用潜力的指标，建立针对土地利用地类图斑提取精度评价的影像质量方程，为高空间分辨率遥感数据的质量分级和数据筛选提供服务。本书有关内容对高空间分辨率遥感影像质量评价、分割质量评价和分类精度评价，以及遥感影像应用潜力评价具有一定的参考价值。

本书可供从事遥感、GIS、测绘及其相关学科的科研人员和高等院校师生参考。

图书在版编目(CIP)数据

高空间分辨率遥感影像质量评价及其对土地利用图斑提取的影响研究 / 程结海著. — 徐州 ：中国矿业大学出版社，2019.12

ISBN 978 - 7 - 5646 - 4574 - 8

Ⅰ. ①高… Ⅱ. ①程… Ⅲ. ①土地利用—空间分辨率—遥感图象—图象处理—研究—中国 Ⅳ. ①F321.1

中国版本图书馆 CIP 数据核字(2020)第013610号

书　　名 高空间分辨率遥感影像质量评价及其对土地利用图斑提取的影响研究
著　　者 程结海
责任编辑 何　戈
出版发行 中国矿业大学出版社有限责任公司
（江苏省徐州市解放南路　邮编 221008）
营销热线 (0516)83884103　83885105
出版服务 (0516)83995789　83884920
网　　址 http://www.cumtp.com　**E-mail**:cumtpvip@cumtp.com
印　　刷 广东虎彩云印刷有限公司
开　　本 787 mm×1092 mm　1/16　**印张** 9.5　**字数** 181 千字
版次印次 2019 年 12 月第 1 版　2019 年 12 月第 1 次印刷
定　　价 56.00 元

前　言

当前，高空间分辨率遥感影像被广泛应用于社会生产与研究的各行业中。面对众多的高空间分辨率遥感影像，如何挑选合适的影像以满足应用的要求就成为影像应用的关键。影像应用潜力是指遥感影像对于给定应用的适用程度。简单地用高空间分辨率遥感影像本身所对应的各种遥感成像系统参数来定义影像应用潜力，这种做法对于影像应用来说，并不具有明确的指导性，也难以帮助影像使用者更好地针对某一具体应用挑选出合适的高空间分辨率遥感影像产品。影像应用潜力评价工作的这种现状需要有新的方法与研究思路去加以解决。

本书以土地利用图斑提取为应用范例，将高空间分辨率遥感影像应用潜力界定为其对土地利用图斑提取的精度，以此为基础来开展高空间分辨率遥感影像应用潜力评价工作。

本书分为8章。

第1章绪论。阐明建立遥感影像的基础质量参数与其应用潜力之间关系的意义。总结与归纳当前遥感影像应用潜力评价领域的现状与存在的问题。探究高空间分辨率遥感影像应用潜力评价的关键技术。

第2章高空间分辨率遥感影像的基础质量评价。详细介绍高空间分辨率遥感影像的基础质量参数体系，并从土地利用变更调查与变化监测业务出发，重点讨论*MTF*(Modulation Transfer Function，调制传递函数)和*SNR*(Signal-to-Noise Ratio，信噪比)这两个基础质量参数的测定方法，并用实验进行方法可靠性的验证。介绍波段间配准精度、半峰宽和相对边缘响应等基础质量参数的测定方法及应用。

第3章高空间分辨率遥感影像分割质量评价方法。从面积差异和位置差异角度提出一种新的影像分割质量评价方法。实验证明了该方法的客观性与可靠性。应用本章的分割质量评价方法，可评价与度量地类图斑提取的精度。

第4章高空间分辨率遥感影像分类精度评价方法。提出并构建*BI*(Believability Index)和*LI*(Loyalty Index)指标，用以表达遥感影像或某一类别的分类精度，以及单个分割对象或单个参考对象的分类精度。实验证明了应用该方法表达影像分类精度的客观性、可靠性和稳定性。应用本章的分类精度评价方法，亦可评价与度量地类图斑提取的精度。

第5章 *MTF* 对高空间分辨率遥感影像土地利用图斑提取的影响研究。详细探讨遥感成像系统 *MTF* 参数对高空间分辨率遥感影像土地利用图斑提取的影响，利用模拟影像得出二者之间的变化规律，再用真实影像验证了这种变化规律。

第6章 *SNR* 对高空间分辨率遥感影像土地利用图斑提取的影响研究。详细探讨遥感成像系统 *SNR* 参数对高空间分辨率遥感影像土地利用图斑提取的影响，利用模拟影像得出二者之间的变化规律，再用真实影像验证了这种变化规律。

第7章针对土地利用图斑提取的影像质量方程构建。从土地利用变更调查与变化监测业务出发，综合考虑 *MTF*、*SNR* 和地类间 J-M 距离等三个参数的影响，构建针对土地利用变更调查与变化监测业务地类图斑提取的影像质量方程。最后用真实的高空间分辨率遥感影像证明了方程的有效性。

第8章结论与展望。总结全书研究工作，并规划下一步工作。

本书提出了高空间分辨率遥感影像质量评价方法、影像分割质量评价方法和影像分类精度评价方法，建立了针对土地利用地类图斑提取精度评价的影像质量方程，将为高空间分辨率遥感影像的质量分级和数据筛选提供有力的技术保障，对进一步开展遥感影像应用潜力评价工作意义重大。

本书的出版是在河南省自然科学基金项目(高分遥感影像最优分割结果确定的自动化方法研究)、河南省博士后科研项目(基于高分遥感影像的高精度最优分割数据产品生成方法研究)和河南省教育厅科学技术研究重点项目(高空间分辨率遥感数据质量评价及其对土地利用图斑提取的影响研究)的资助下完成的。同时，特别感谢河南理工大学地理学省级重点学科的支持。

本书由河南理工大学程结海撰写。本书的撰写得到了北京师范大学柏延臣教授的悉心指导，在此特别感谢！感谢河南理工大学魏峰远教授、袁占良教授、景海涛教授和GIS系全体老师的无私帮助！

由于作者水平有限，书中难免存在不足或疏漏之处，敬请相关专家、广大同行批评指正。

著　者

2019年8月

目 录

第1章 绪 论

1.1 研究背景与意义

自 IKONOS 遥感卫星在 1999 年成功发射以来,类似的高空间分辨率卫星如 EROS-A/B、QuickBird、OrbView-3、WorldView-1/2、GeoEye-1 等越来越多地被投入运行。由这些卫星提供的高空间分辨率遥感影像被广泛应用于农业监测、城市规划、环境保护、交通、土地利用规划等领域,甚至被用来取代成本较高的航空遥感影像进行大比例尺制图及正射产品生成(Crespi 等,2009)。在缺少地面测量数据的情况下,高空间分辨率遥感影像甚至还被用来作为地面参考真值而应用于科学研究中。

随着科学研究的不断深入,人们逐步意识到不同质量参数的高空间分辨率遥感影像对于同一个研究问题所表现出的应用能力并不尽相同。例如,Wang 等(2004)利用 IKONOS 和 QuickBird 数据进行巴拿马加勒比海岸的红树林种类提取,结果表明:IKONOS 数据整体上具有更高的分类精度。Novack 等(2011)利用面向对象分析(Object-Based Image Analysis,OBIA)方法提取城市区地类,实验表明:WorldView-2 数据比 QuickBird-2 数据对光谱相似地类的提取精度更高。Pu 等(2012)利用 IKONOS 和 WorldView-2 数据进行城市区树木和植被提取,结果表明:WorldView-2 数据更能有助于提高城市区树木和植被提取的精度。类似的研究还有很多,其研究成果多发表在相关领域核心期刊上。即使是同一个卫星遥感器获取的高空间分辨率遥感影像,由于受遥感器性能衰退、大气等因素影响,它们对于同一个研究问题所表现出的应用能力也存在着差别(Leachtenauer 等,2001)。因此,结合具体应用来探讨高空间分辨率遥感影像的质量,是十分必要的。

Kerekes 等(2004a)指出遥感影像的质量依赖于其具体的应用。例如,农场主应用遥感影像进行作物病虫害监测时,并不很关心数据的空间分辨率到底是 5 m 还是 10 m,而是强调数据的光谱分辨率和波段组合能否发现病虫害存在;相反地,对于军事应用来说,更强调遥感影像的空间分辨率是否能发现比较小的物体。因此，评价遥感影像的质量好坏，结合数据具体应用来进行才有意义(Stefanou 等，2008)。如果某一遥感影像对某种应用具有很高的精度，就说这一遥感影像对于此应用具有很高的质量；相反，则质量较差。因此，在许多文献当中，也把遥感影像质量称作遥感影像的有效性(Kerekes 等，2004a；Simmons 等，2005；Stefanou 等，2008)。

遥感影像的质量取决于遥感成像系统的性能。图 1-1 是遥感影像获取过程示意图，由图 1-1 可以看出：外部环境、遥感器性能以及数据处理算法等环节都对遥感影像的质量产生影响，这些环节中各个质量参数共同决定了遥感影像的质量。

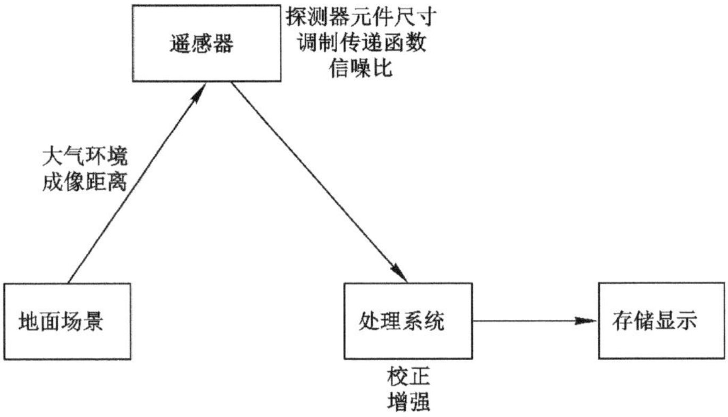

图 1-1 遥感影像获取过程示意图

数据提供者(Data Provider)使用这些质量参数来直接表征遥感影像的质量，诸如：*GSD*(Ground Sample Distance，地面采样距离)值越小影像质量越好，*MTF* 值越大影像质量越好，*SNR* 值越大影像质量越好。在很多研究文献中，也将遥感影像质量界定为这些质量参数值的大小(Schowengerdt，2007)。本研究将这个层次的遥感影像质量定义为遥感影像的基础质量。然而，对于数据使用者(Data User)来说，这些质量参数是很难被理解的。实际上，他们也并不关心这些质量参数值的大小所表征的遥感影像基础质量到底如何，而更强调的是应用这些质量参数所对应的遥感影像是否能满足应用的要求，即强调的是遥感影像的应用能力。例如：从遥感影像中，能分辨的最小地物大小；能否从遥感影像中准确提取房屋、道路等信息；应用此遥感影像成图的最大成图比例尺是多少；等等。因此，建立遥感影像的基础质量参数与遥感影像的应用能力之间的关系，据此来预测遥感影像的应用精度水平，是一项有意义的研究工作。数据使用者可以根据建立的这样一个关系，结合自身应用的需求，确定遥感影像产品能否满足其应用需要，进而帮助他们选择合适的满足需求的遥感影像；而数据提供者也可以根据建立的这样一个关系，来调整数据处理算法，甚至调整遥感器的技术参数设计，进一步提高遥感影像产品的质量。

1.2 国内外研究现状及存在的问题

早在20世纪70年代初，在美国图像分辨率评估和报告标准委员会(Imagery Resolution Assessment and Reporting Standards Committee, IRARS)的支持下，美国国防航空侦察署开发了美国国家影像解译度分级标准(National Imagery Interpretability Rating Scale,NIIRS)，到90年代基本完成。NIIRS是一个定量的基于解译任务的影像质量分级标准，级数越大，表明影像质量越高；级数越小，表明影像质量越差(IRARS,1996a,1996b;Leachtenauer等，1997;Leachtenauer等，2001;Fiete等，1999;Thurman等，2008)。NIIRS广泛应用于对影像解译度好坏的评价，特别是现在一些商业高分辨率卫星影像如IKONOS、QuickBird等在其影像元数据中明确标注NIIRS预测值PNIIRS的大小。以NIIRS为基础，在IRARS委员会的赞助下，Leachtenauer等(1997)采用回归分析的方法创造性地建立了基础质量参数与NIIRS之间的联系，提出了针对影像解译能力的一般影像质量方程(General Image-Quality Equation, GIQE)，其方程如下：

$$NIIRS = c_0 + c_1 \log_{10}(GSD) + c_2 \log_{10}(RER) + c_3 \frac{G}{SNR} + c_4 H \quad (1\text{-}1)$$

其中，c_0, c_1, c_2, c_3, c_4是常数；GSD是x和y方向的GSD的几何平均值(单位：英寸)；RER是归一化的相对边缘响应的几何平均值；G是噪声增益；H是由MTFC(Modulation Transfer Function Compensation，调制传递函数补偿)引起的过冲；SNR是信噪比。GIQE影像质量方程的主要贡献是：将GSD、RER、G、SNR和H等这些专业性且普通用户难以理解的基础质量参数与NIIRS之间建立了关联，大大方便了用户评价影像的解译能力，同时，也为人们建立类似的关联关系提供了很好的借鉴。但GIQE影像质量方程是针对高空间分辨率全色波段影像提出的，没有考虑其他波段的信息，在实际应用中难免会受到局限；而且它仅仅应用于影像解译度的评价，对于影像其他方面的评价，还需要研究人员做大量尝试性研究工作。

Sweet等(2000)提出了用光谱相似度(Spectral Similarity Value,SSV)来表征高光谱遥感影像的质量，即利用两个光谱矢量间的欧几里得距离和相关系数来度量影像上不同光谱波段间的相似度，光谱相似度值的大小反映其影像质量的好坏。此方法用于评价高光谱遥感影像对光谱相似的地类的识别能力，具有一定的参考价值。

Kerekes 等(2004a;2004b)利用模拟的高光谱遥感影像，采用回归分析方法建立了地面分辨距离(Ground Resolved Distance，GRD)、*SNR* 和光谱分辨率(Spectral Resolution)这三个基础质量参数与高光谱遥感影像的亚像元目标识别能力以及地类分类精度之间的回归关系。Stefanou 等(2007，2008，2009，2010)则更全面地分析了传感器参数(*GSD*、*SNR*、波段配准误差、光谱分辨率等)和场景参数(场景复杂度、目标类型、目标大小等)对影像目标监测能力的影响。这些研究成果对于本书进行类似的研究具有很好的借鉴作用。

Shen(2003，2005)以沙漠和森林场景的 HYDICE(Hyperspectral Digital Imagery Collection Experiment，高光谱数字图像采集实验)影像作为数据源，通过变化 *GSD*、光谱分辨率 $\Delta\lambda$ 和 *SNR* 参数，生成一系列的实验影像，通过回归分析方法，得到在一定错分率($Pfa=0.001$ 和 $Pfa=0.005$，Pfa 是错分像元数除以总像元数)下目标正确监测率或物质识别率与 *GSD*、*SNR*、$\Delta\lambda$ 和场景复杂程度之间的函数关系。Shen(2003，2005)的研究成果进一步证明了建立遥感影像的基础质量参数与遥感影像的应用能力之间的关系是可行的，也是必要的。

Simmons 等(2005)针对目标监测任务，以置信度来分别表达影像的空间信息和光谱信息在目标监测中的作用，并联合这两方面信息以总体置信度来度量影像对于目标监测任务的质量。这个方法的好处是能够更好地利用影像的空间信息和光谱信息来进行影像质量的评价，但遗憾的是，作者对此方法没有做相应的案例验证研究，其后续研究中也没有深入探讨。但其研究思路为人们更好地联合遥感影像的空间信息和光谱信息进行遥感影像质量的评价提供了一个很好的参考。

将上述介绍的研究成果汇总，如表 1-1 所示。从表 1-1 可以看出：目前关于遥感影像的基础质量参数与遥感影像的应用能力之间关系的研究，主要针对的是高光谱数据，而对于高空间分辨率遥感影像没有做过多深入的研究；对于遥感影像的应用能力，主要考虑的是遥感影像对于特定目标的监测与识别能力，而没有考虑遥感影像对于地类图斑的提取能力，更没有分析遥感影像的基础质量参数对数据的地类图斑提取精度的影响。

表 1-1　现有的遥感影像质量评价模型

评价模型	适用波段	应用领域	采用的信息提取指标
GIQE-Leachtenauer 等(1997)	高空间 分辨率全色	目标监测/识别	影像解译度分级标准 NIIRS
Spectral Vector-Sweet 等(2000)	多光谱	目标识别	光谱相似度 SSV

表 1-1(续)

评价模型	适用波段	应用领域	采用的信息提取指标
SQRS-Kerekes 等(2004a,2004b)	高光谱	目标监测/识别/分类	光谱质量分级量表 SQRS、Kappa
SQE-Shen(2003,2005)	高光谱	目标监测/识别	正确识别率 Pd、错误识别率 Pi
Confidence Equation-Simmons 等(2005)	高光谱	目标监测/识别	总体置信度 Ctotal
Spectral Image Utility-Stefanou 等(2007,2008,2009,2010)	高光谱	目标监测/识别	有效性 Utility

本书在前人研究的基础上,以高空间分辨率遥感影像为研究对象,研究了高空间分辨率遥感影像的基础质量评价及基础质量对土地利用图斑提取精度的影响。首先,针对现有高空间分辨率遥感影像的基础质量评价方法不完善的特点,开展数据的基础质量参数评价研究。其次,针对土地利用变更调查与变化监测业务,研究高空间分辨率遥感影像的基础质量参数对地类图斑提取的影响,建立适用于这项业务的影像质量方程,来预测高空间分辨率遥感影像对于土地利用变更调查与变化监测的应用能力。

1.3 研究内容与技术路线

1.3.1 研究目标与内容

针对土地利用变更调查与变化监测业务的应用需求,本书提出一套完整的评价高空间分辨率遥感影像质量的框架体系,建立针对土地利用地类图斑提取精度评价的影像质量方程,为高空间分辨率遥感影像的质量分级和数据筛选提供服务。

围绕研究目标,本研究主要开展以下几个方面的工作:

(1) 高空间分辨率遥感影像的基础质量参数评价

高空间分辨率遥感影像的基础质量参数决定了数据的应用能力。虽然这些基础质量参数在卫星遥感器发射运行之前可以通过严格的实验室测量或航空运行来标定,但由于卫星遥感器在运行期间,受到探测器元件性能衰减、大气等因素影响,这些基础质量参数会发生变化。准确地测定出这些基础质量参数,对于准确地评价高空间分辨率遥感影像的质量是十分重要的,也是整个质量评价工作的第一步。本研究从土地利用变更调查与变化监测业务出发，重点探讨 *MTF* 和 *SNR* 这两个基础质量参数的评价方法，提出相应的改进思路。

(2) 高空间分辨率遥感影像的分割质量评价方法

对于土地利用变更调查与变化监测业务来说，高空间分辨率遥感影像的应用能力体现为对地类图斑的提取，而地类图斑的提取又是通过影像分割操作来完成的。因此，本研究采用影像分割质量的评价指标，来度量高空间分辨率遥感影像的地类图斑提取精度。现有的分割质量评价方法，不能比较客观地反映分割结果的质量。为此，本研究提出一种全新的评价分割质量的方法。

(3) 高空间分辨率遥感影像分类精度评价方法

高空间分辨率遥感影像的应用能力可以用影像分类精度来表达。现有的高空间分辨率遥感影像分类精度评价方法大多仍然沿用传统的基于像元的误差矩阵方法，该做法对于高空间分辨率遥感影像分类结果来说，很容易高估或低估其分类精度。为此，本研究提出一种新的评价影像分类精度方法。

(4) 高空间分辨率遥感影像的基础质量对土地利用图斑提取精度的影响

研究高空间分辨率遥感影像的单个基础质量参数对土地利用图斑提取精度的影响，所选取的基础质量参数包括 *MTF*、*SNR* 和光谱可分性。*MTF* 从影像空间特性的角度来表示影像的质量，它表征的是影像上边缘的锐利程度，因此，*MTF* 影响地类图斑提取的精度。*SNR* 从辐射特性角度来表示影像的质量，它表征的是影像所包含的信号强弱，它影响地类图斑的光谱特性，进而影响地类图斑提取的精度。而选取类别间光谱可分性参数，主要是考虑到地类图斑间的差异性。对于地类图斑的提取来说，图斑间差异性越大，则相邻图斑就越容易被提取出来，而图斑间差异性越小，则越容易出现错误提取图斑的现象。

(5) 针对土地利用图斑提取的影像质量方程构建

本研究在单个基础质量参数影响分析的基础上，综合考虑单个基础质量参数的影响，利用模拟影像数据，采用多元线性回归分析方法，得出三个参数与数据的地类图斑提取精度之间的回归关系，建立针对土地利用图斑提取的影像质量方程，并通过案例验证了方程的有效性。

1.3.2 研究技术路线与本研究结构

本研究针对土地利用变更调查与变化监测进行高空间分辨率遥感影像的质量评价，具体的技术路线如图 1-2 所示。首先对高空间分辨率遥感影像进行基础质量评价，得到数据所对应的基础质量参数；利用真实高空间分辨率遥感影像的光谱特征，生成模拟的基础数据；改变模拟的基础数据的基础质量参数值大小，生成一系列不同基础质量参数的模拟数据；从影像分割质量评价角度，提出一个评价地类图斑提取精度的指标;求取所有模拟数据的地类图斑提取精度,找出单个基础质量参数与地类图斑提取精度之间的变化规律,并用真实高空间分辨率遥感影像的基础质量参数与地类图斑提取精度来验证建立的变化规律;在掌握单个基础质量参数与地类图斑提取精度之间变化规律的基础上,建立考虑多个基础质量参数的影像质量方程,并用真实高空间分辨率遥感影像的基础质量参数与地类图斑提取精度来验证影像质量方程的有效性。主要涉及以下几个方面的关键问题。

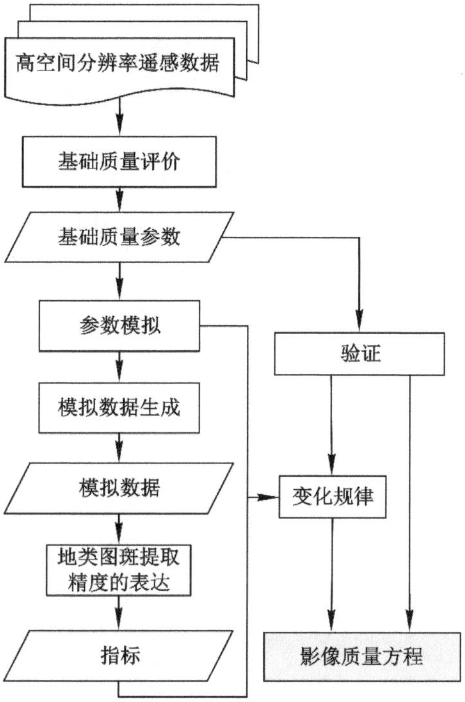

图 1-2 本研究技术路线

(1) 高空间分辨率遥感影像的基础质量参数评价

基础质量参数评价是后面进行数据应用评价的关键步骤。虽然目前对这些参数的测定有许多方法,但都或多或少存在着一些不足。如何改进这些方法,使测定出的结果更加接近真实值,是本研究所要解决的问题。

(2) 模拟数据的生成

在定量分析时,由于真实遥感影像具有很多不确定性和不可控因素,因此,常采用模拟数据来进行研究。通过人为改变模拟影像的基础质量参数,来构建不同质量的数据,为下一步进行数据的应用能力分析做准备。

（3）地类图斑提取精度的表达

对于不同的应用需求，遥感影像的应用能力表现形式不同。本研究主要研究高空间分辨率遥感影像对于土地利用地类图斑提取的精度。地类图斑的提取又是通过影像分割操作来完成的。因此，地类图斑提取精度的表达就是对影像分割质量的评价。如何定量客观地评价影像分割质量，是本研究要解决的关键问题。

（4）基础质量参数对土地利用地类图斑提取精度的影响分析

对不同质量的模拟数据，确定它的地类图斑提取精度，分析对应的基础质量参数与它的地类图斑提取精度之间的变化规律，并用真实的高空间分辨率遥感影像的基础质量参数与地类图斑提取精度来进行验证，为综合的影像质量方程构建打下基础。

（5）针对土地利用图斑提取的影像质量方程建立

考虑到高空间分辨率遥感影像同时受到多个基础质量参数的影响，通过多元回归分析方法，构建多个基础质量参数与数据的地类图斑提取精度之间的关系，建立针对土地利用图斑提取的高分辨率数据影像质量方程，并用真实的高空间分辨率遥感影像的基础质量参数与地类图斑提取精度来进行验证。

第 2 章　高空间分辨率遥感影像的基础质量评价

2.1　引言

遥感卫星的研制、发射和应用是一项复杂的系统工程。遥感卫星所获取的数据能否达到设计要求，能否满足应用需求，不仅取决于遥感器的设计和制造工艺、卫星的轨道精度、卫星的姿态控制等因素，而且还和地面系统的数据接收、预处理等技术密切相关。虽然一个遥感器在正式发射之前会通过实验室标定、航空试飞等环节来检验遥感器的性能，并在遥感器随卫星成功进入预定轨道再进行一定时间的在轨测试之后才正式交付使用，但遥感器在卫星轨道获取的遥感影像的质量究竟如何，能不能满足预定的设计要求和主要应用的需求，还必须经过对实际获取的遥感影像进行全面、严格的数据质量评价之后才能回答。同时，经过对遥感影像质量的评价，也可以发现遥感影像可能存在的问题，有助于通过特定的处理来提高遥感影像的质量。

对遥感影像的质量评价，最初侧重于对数据的基础质量参数的评价。高空间分辨率遥感影像的基础质量参数包括很多方面，如图 2-1 所示，归纳起来，主要有几何特性、空间特性和辐射特性等三个方面的基础质量参数（Cook 等，2001；Pagnutti 等，2006）。

几何特性方面的参数主要包括几何定位精度、影像内部几何精度和波段间配准精度等三个参数。其中，几何定位精度表示的是地面点的影像点位与真实点位之间的位置偏差，偏差越小，则影像几何定位精度越高（Pagnutti 等，2006）；影像内部几何精度表示的是影像内若干固定点之间相对位置与真实相对位置的接近程度；波段间配准精度反映的是波段间同类地物像元对齐、重合或定位程度（Tian 等，1986；Ingemar 等，1990；Townshend 等，1992；赵立初等，1999；韦燕凤等，2005；刘臻等，2005；陈正超等，2006；于海洋等，2007；Casey 等，2009）。这些几何特性的基础质量参数对于高空间分辨率遥感影像的基础质量评价很重要。对于数据应用来说，可以通过采用经严格纠正和配准的影像数据来最大限度地

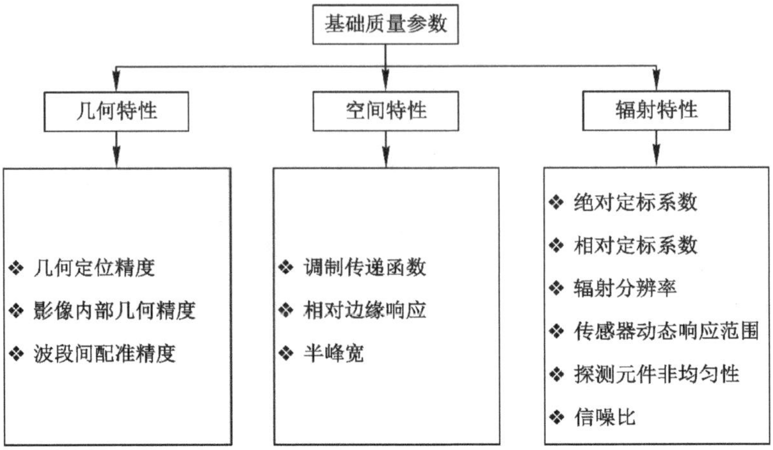

图 2-1　高空间分辨率遥感影像基础质量参数

减少这些参数的影响。因此，在本研究分析基础质量参数对地类图斑提取的影响研究中，暂时不考虑这些几何特性的基础质量参数对地类图斑提取的影响。为了在研究中避免这些几何特性的基础质量参数给地类图斑提取所带来的影响，本研究采用经过严格纠正和配准后的影像数据来进行实验。

空间特性方面的参数主要包括调制传递函数（*MTF*）、相对边缘响应（Relative Edge Response，*RER*）和半峰宽（Full Width Half Maximum，*FWHM*）等三个参数。其中，调制传递函数表示的是影像对比度衰减的程度；相对边缘响应表示的是影像边缘锐利程度；半峰宽表示的是影像识别地面目标的能力。这三个基础质量参数本质上都表示的是高空间分辨率遥感影像的边缘清晰程度，且由 *MTF* 求算过程，可以推导出 *RER* 和 *FWHM* 这两个参数值（Choi，2002；Kim 等，2011），所以，可以用 *MTF* 来代替 *RER* 和 *FWHM* 表示数据的空间特性方面的质量。对地类图斑提取来说，最关键的是要能够把不同地类图斑的边缘找到，从而区分开不同地类图斑。因此，*MTF* 对地类图斑的提取非常重要。本研究也将 *MTF* 作为影响土地利用图斑提取的一个非常重要的基础质量参数来进行重点研究。

辐射特性方面的参数主要包括绝对定标系数、相对定标系数、辐射分辨率、传感器动态响应范围、探测元件非均匀性以及信噪比等六个参数。绝对定标系数和相对定标系数对于定量遥感分析来说，是非常重要的参数。但对于数据应用来说，却不一定是影响数据应用能力的主导参数。例如，对于地类图斑提取来说，重要的是不同地类图斑之间 *DN* 值（遥感影像像元亮度值）之差，而不是地类图斑本身的 *DN* 值大小。因此，本研究暂时没有将绝对定标系数和相对定标系数作为重点研究的基础质量参数。至于辐射分辨率、传感器动态响应范围和探测元件非均匀性这三个参数，它们是由遥感成像系统本身性能决定的，而且当遥感器设计生产完成后一般是固定不变的，因此，本研究也没有将它们作为重点研究的基础质量参数。信噪比是衡量遥感器性能的重要指标之一，对于遥感影像的应用具有重要的意义，在现有的许多影像质量方程中，也将 *SNR* 作为方程的一个自变量来加以研究（Leachtenauer 等，1997；Kerekes 等，2004；Shen，2003，2005）。因此，本研究也将 *SNR* 作为影响土地利用图斑提取的一个非常重要的基础质量参数来进行重点研究。

2.2　调制传递函数

2.2.1　概念

调制传递函数是评价遥感成像系统性能的重要参数。假设遥感成像系统是线性空间不变系统，则实际影像 $g(x,y)$ 与理想影像 $f(x,y)$ 之间的关系可以用公式(2-1)来表示。

$$g(x,y)=\iint f(\xi,\eta)PSF(\xi-x,\eta-y)\mathrm{d}\xi\mathrm{d}\eta=f(x,y)*PSF(x,y) \tag{2-1}$$

根据傅里叶变换原理，公式(2-1)也可以变换成公式(2-2)的形式，$MTF(u,v)$是 $PSF(x,y)$的傅里叶变换形式。*MTF* 和 *PSF*（Point Spread Function，点扩散函数）是一个对等概念。

$$G(u,v)=F(u,v)\cdot MTF(u,v) \tag{2-2}$$

遥感器的 *MTF* 特性也可以用图 2-2 来展现。在像元范围内（虚线之间）遥感器对地物成像的敏感性并不是 1，而在像元之外，其敏感性也并不是 0。这样，在实际成像时，影像上的像元并不是纯净像元，而是混合像元。混合像元影响遥感影像的质量。

遥感影像的质量，除了主要受遥感器的性能影响外，还受成像环境、遥感器与场景间均匀线性运动和数据处理等因素影响，每一因素的影响都可以用对应的 *MTF* 来表示，这样，本研究可以将公式(2-2)扩展成公式(2-3)的形式。

$$G(u,v)=F(u,v)\cdot MTF_{传感器}(u,v)\cdot MTF_{大气}(u,v)\cdot MTF_{运动}(u,v)\cdot MTF_{处理}(u,v) \tag{2-3}$$

对于高空间分辨率遥感影像，*MTF* 影响影像的边缘锐利程度和空间细节表达程度。IKONOS、QuickBird 和 WorldView 等高空间分辨率遥感影像产品，

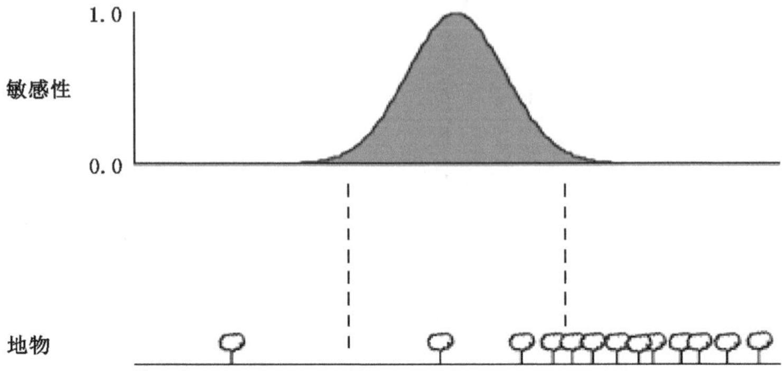

图 2-2　遥感器对地物成像的敏感性分布(Manslow 等,2002)

一般都会在其技术报告中标称数据对应的 *MTF* 值大小(Cook 等,2001;Pagnutti 等,2006)。

2.2.2　现有测定方法及存在的问题

测定遥感成像系统 *MTF* 主要有四种方法:正弦输入法、凸镜法、脉冲法和刃边法。

2.2.2.1　正弦输入法

正弦输入法的基本原理如图 2-3 所示。振幅恒定的输入正弦波经过成像系统后,其振幅和相位随着频率增大而发生改变,得到一个振幅减小的输出正弦波,*MTF* 可用输出量与输入量的比率来表示:

$$MTF = \frac{B_{\max} - B_{\min}}{B_{\max} + B_{\min}} \tag{2-4}$$

其中,$B_{\max}$和 $B_{\min}$是输出波相邻的最大和最小峰值,对应的是影像上两个像元的 *DN* 值。

对于遥感成像系统 *MTF* 的在轨测定,正弦输入法是很难操作的,在实际应用中很少采用,一般只用于实验室遥感器的 *MTF* 测定。

2.2.2.2　凸镜法

凸镜法的基本原理如图 2-4 所示。一般在测试场内均匀的草地上布设 16～20 个凸镜(图 2-5),每一个凸镜反射的太阳光进入遥感器,作为输入信号(图 2-6);对每一个凸镜的输出信号进行亚像元精度的高斯模型拟合,并对齐所有凸镜对应的亚像元点,得到每一亚像元点的平均值;对离散的二维亚像元点,用二维高斯模型进行拟合,得到二维 *PSF*;进而得到扫描方向和垂直于扫描方向的 *LSF*(Line Spread Function,线扩展函数),对 *LSF* 进行傅里叶变换,就得到 *MTF*。

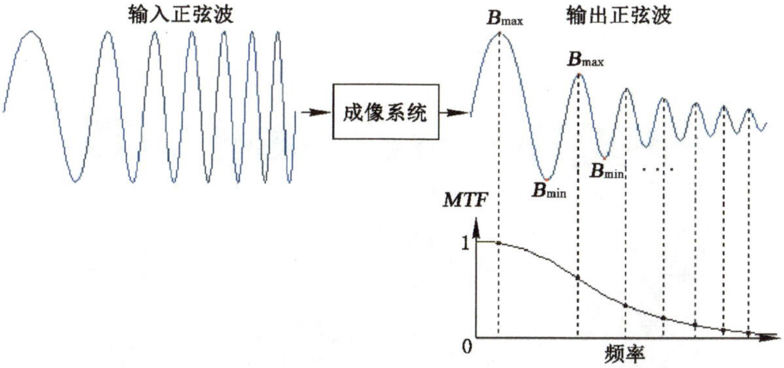

图 2-3　正弦输入法的基本原理(Choi,2002)

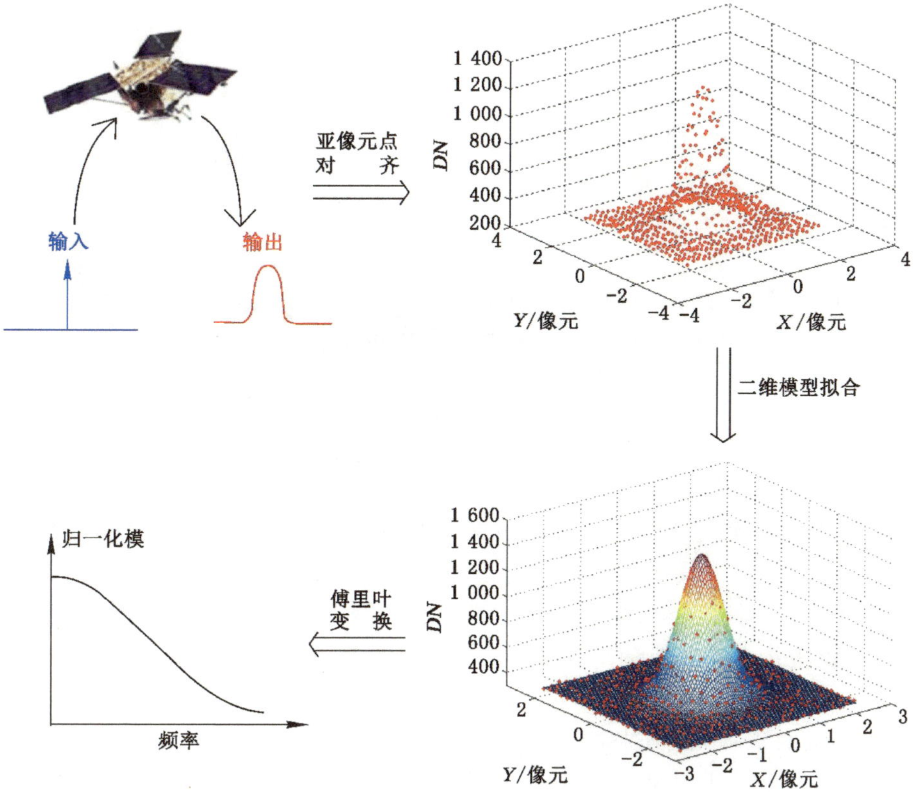

图 2-4　凸镜法的基本原理(Rangaswamy,2003;Helder,2011)

图 2-5　美国 NASA Stennis 中心卫星地面测试场内凸镜布设

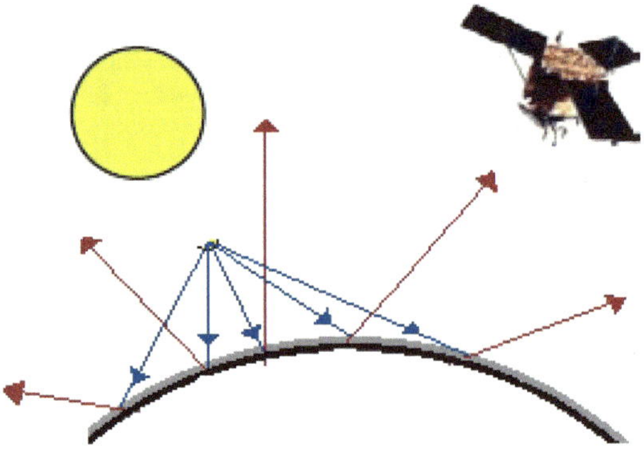

图 2-6　凸镜反射(Rangaswamy,2003)

凸镜法在轨测定 MTF 的准确性在于地面凸镜布设的位置是否满足测定要求。凸镜与凸镜之间的距离要合适,凸镜与遥感器成像角度以及凸镜焦距都影响测定 MTF 的精度。由于对凸镜的布设和凸镜本身要求较高,因此,在实际应用中,凸镜法并不是在轨测定 MTF 所采用的常用方法。

2.2.2.3　脉冲法

脉冲法的基本原理如图 2-7 所示。选取具有一定宽度和长度的地面物体作为研究对象,地物两边是均匀的场景区域(图 2-8),遥感器接收到地物输入信号,输出对应的影像,提取影像中的边缘位置,并用最小二乘拟合方法,拟合出一个线性边界,线性边界与影像每一行相交的位置,为影像每一行实际的边缘位

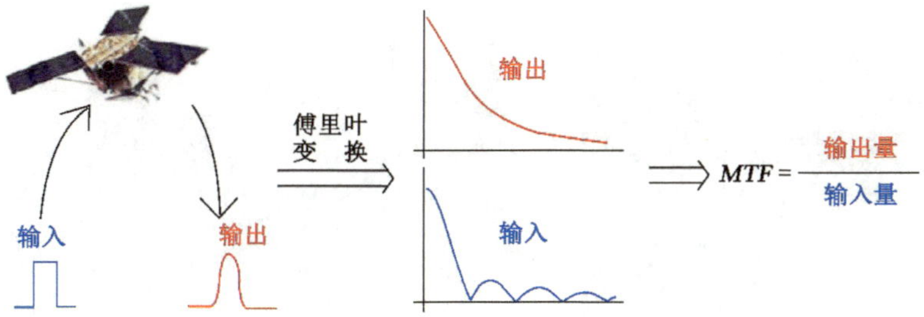

图 2-7　脉冲法的基本原理(Choi,2002)

置,记为 0 像元位置;统计影像中每一行像元 *DN* 值,得到 *ESF*(Edge Spread Function,边缘扩展函数),然后对 *ESF* 进行 S-Golay 滤波,得到滤波后的 *ESF*;将影像上所有行的 *ESF* 数据以每一行的 0 像元位置为参考基准,进行对齐裁剪,再取平均,得到一条平均后的 *ESF* 曲线,将此 *ESF* 进行变分处理,得到 *LSF*,并对 *LSF* 进行归一化处理;最后,将输入和输出的归一化 *LSF* 进行傅里叶变换,得到频率域的输入和输出量,输出量除以对应的输入量,就可以得到 *MTF*。

图 2-8　美国 NASA Stennis 中心卫星地面测试场内脉冲法测定所布设的地物

脉冲法的有效性取决于地面场景的布设是否满足测定要求。首先,地物必须具有合适的宽度;其次,地物应具有一定的长度,保证计算的准确性;再次,地物本身必须是具有一定反射率的地物(Choi,2002)。在实际应用中,由于满足脉冲法条件的地物并不太多,一般只有像飞机场跑道和江河湖面上的大桥才满足这样的条件(图 2-9),因此,脉冲法在实际应用中受到一定的限制。

(a) 北京首都机场跑道

(b) 美国路易斯安那州庞恰特雷恩湖桥

图 2-9 适合脉冲法 MTF 测定的地面物体

2.2.2.4 *刃边法*

刃边法的基本原理如下：

(1) 选定地面地物。如果是在测试场测定，可以通过在测试场内布设人工油布的办法，得到满足要求的地面地物(图 2-10)。而在大部分情况下，要测定影像所对应的 *MTF*，一般是通过利用自然地物来得到所需的地面地物(图 2-11)。

图 2-10 美国 NASA Stennis 中心卫星地面测试场内刃边法测定所布设的地物

图 2-11　满足刃边法测定要求的自然地物边界

注：图中 A、B、C 处边界符合要求。

(2) 遥感器对地物成像，得到具有模糊边的影像，提取影像上每一行像元 *DN* 值，得到模糊边缘轮廓[图 2-12(a)]。对边缘轮廓 *DN* 值变分处理，得到斜率最大的点位[图 2-12(b)]。以斜率最大的像元点为中心，两边各选取两个像元点，采用三次多项式来拟合，拟合出的三次多项式二次导数为零处即为亚像元级的边缘点位[图 2-12(c)]。对影像上每一行进行类似处理，得到每一行亚像元级的边缘点位(图 2-13 中的蓝色点)。对提取的边缘点位用线性拟合的方法来得到真实边缘(图 2-13 中的红线)。真实边缘与每一行相交的位置即为实际的边缘点位(图 2-13 中的紫色圆圈)，记为(X^*,Y^*)。

(3) 对于影像上每一行像元，以(X^*,Y^*)为参考点，将其他像元点与之对齐，然后，每两个像元点之间用三次样条曲线来进行插值，得到每一行的 *ESF* 曲线[图 2-14(a)]。将所有行的 *ESF* 上对应点进行平均，得到一条平均后的 *ESF* 曲线[图 2-14(b)]，然后用公式(2-5)对平均后的 *ESF* 进行曲线拟合，得到拟合后的 *ESF*[图 2-14(c)]。

$$y = \frac{a}{1 + \mathrm{e}^{\left(\frac{x-b}{c}\right)}} + d \tag{2-5}$$

(4) 对得到的拟合后的 *ESF* 按公式(2-6)进行变分处理，再归一化，就得到了 *LSF*(图 2-15)。

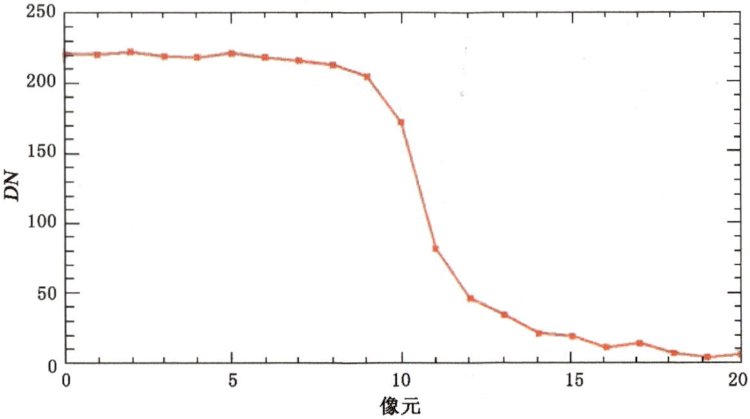

(a) 模糊边缘轮廓

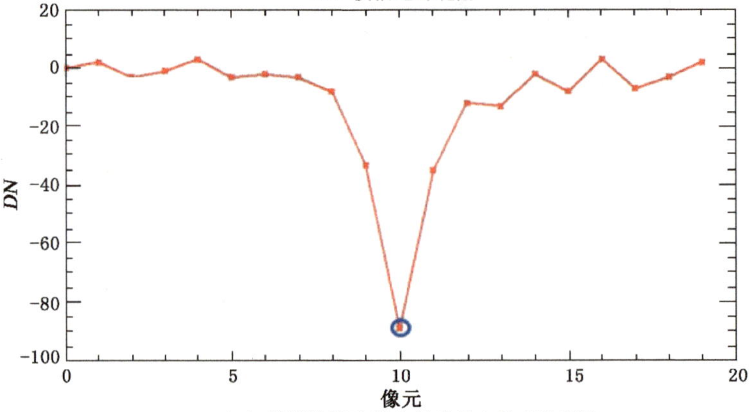

(b) 模糊边缘轮廓上斜率最大的点位提取

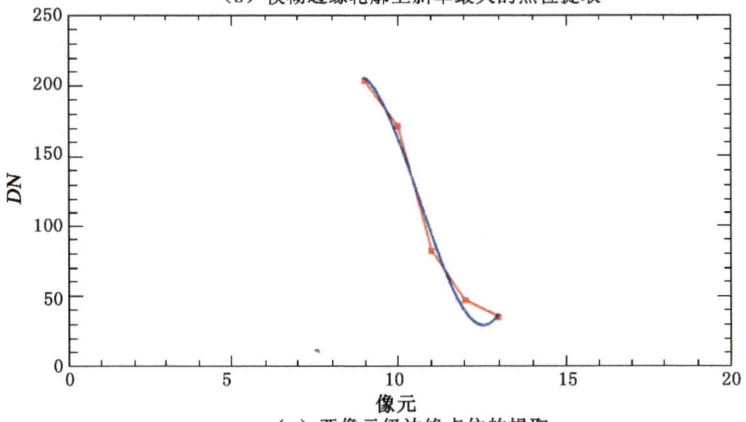

(c) 亚像元级边缘点位的提取

图 2-12　亚像元级边缘点位的提取过程

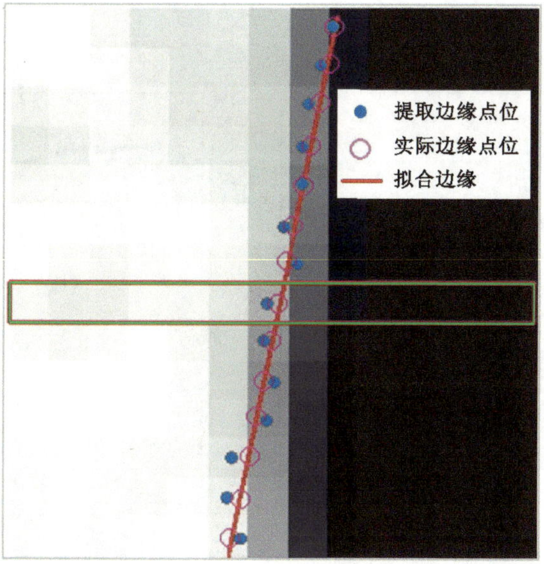

图 2-13　提取的边缘点位

$$LSF(n) = ESF(n) - ESF(n-1) \tag{2-6}$$

(5) 对 *LSF* 进行傅里叶变换，再归一化后，就得到了 *MTF*(图 2-16)。奈奎斯特频率(Nyquist Frequency)0.5 处对应的归一化模值，被认为是遥感成像系统的 *MTF* 值大小，以后本研究中出现的 *MTF* 值，都是指奈奎斯特频率 0.5 处对应的归一化模值。

刃边法是在轨测定 *MTF* 的方法中最直接，也是精度最高的一种方法(Li 等，2010)，因此，在实际应用中被广泛采用。影响刃边法测定精度的主要因素是：地面地物的选取和影像噪声大小(Choi，2002；Crespi 等，2009；Li 等，2010)。若选取的地面地物不合适，不能满足刃边法测定的要求，则测定出的 *MTF* 值与实际值之间会出现比较大的偏差(Li 等，2010)。满足刃边法测定要求的地面地物，在实际操作中，都是通过人眼判断来进行选取的，且所选取的地物是否满足测定要求，也只是凭测定人员的估计来断定的，利用这种方法选取的地面地物来测定 *MTF* 值肯定会出现比较大的偏差。虽然 Li 等(2010)定量分析了影像噪声对刃边法 *MTF* 测定精度的影响，但并没有就如何避免影像噪声对刃边法测定精度的影响提出相应的解决方案。对以上存在的两个问题，本研究提出相应的改进方案。用 Canny 边缘探测器＋Hough 变换＋倾斜角度判断的方法来发现影像上满足刃边法测定要求的直边，用中值滤波的方法来减小影像噪声对 *MTF* 测定精度的影响，从而提高了基于影像来测定遥感成像系统 *MTF* 值的精度。

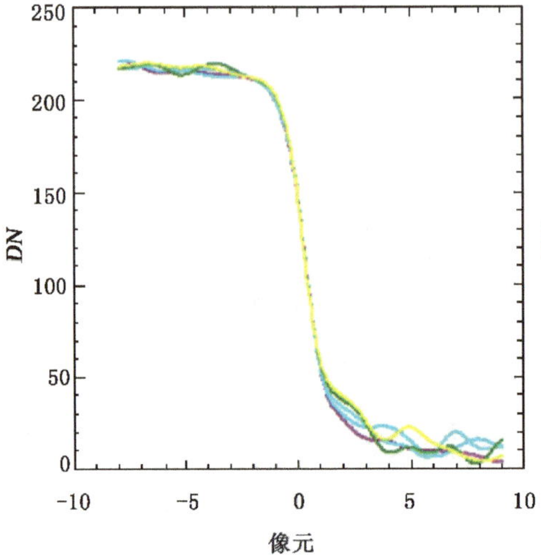

(a) 边缘上每一行上 *ESF*

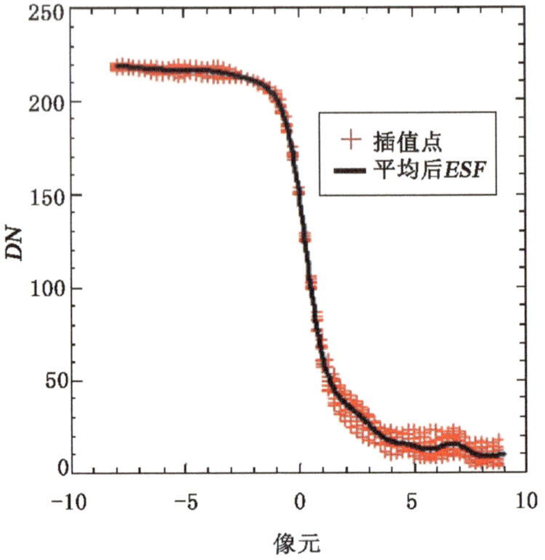

(b) 所有行上 *ESF* 平均后的 *ESF*

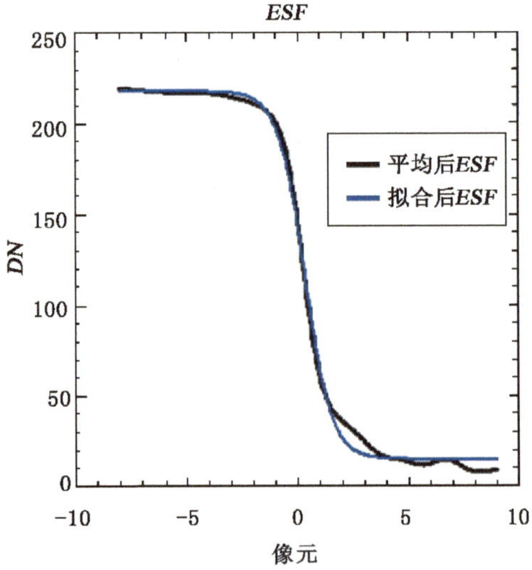

(c) 拟合后的 *ESF*

图 2-14　*ESF* 产生过程

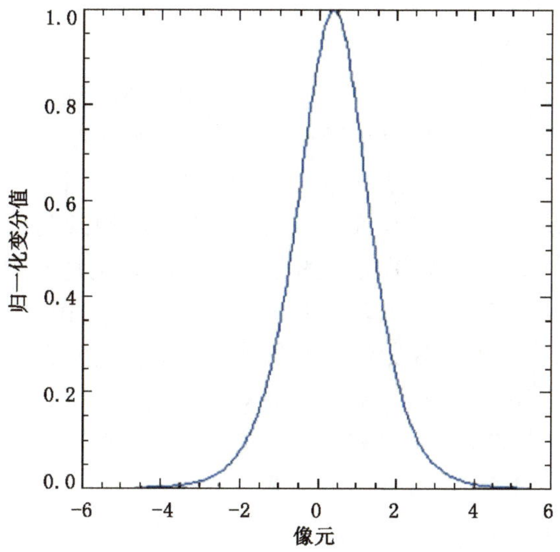

图 2-15　线性扩展函数 *LSF*

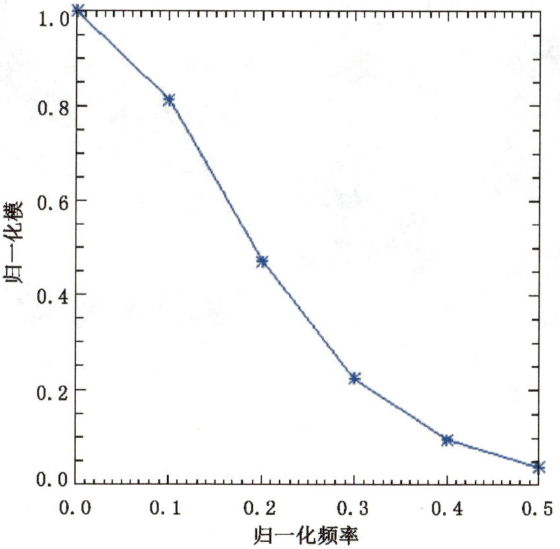

图 2-16　调制传递函数 *MTF*

2.2.3 刃边法测定的改进

2.2.3.1 刃边地物的选取

（1）方法

用刃边法在轨测定 *MTF* 值，关键是刃边地物的选取（图 2-17）。刃边地物应该满足：有严格的直边，且直边在垂直或水平方向倾斜角度应该在 2.5°～6°之间；直边两边地物均匀，且具有较大的对比度；直边两边地物的宽度应该不小于 10 个像元（Choi，2002；Li 等，2010）。为了在影像上准确地找到满足要求的刃边地物，本研究提出了一套实用方法，具体的方法流程如图 2-18 所示。先采用 Canny 边缘探测器去自动发现影像上的边缘。Canny 算法是一个最优的边缘探测算法，它被广泛应用在计算机视觉领域（Chen 等，2011）。通过 Canny 边缘探测器得到一个包含影像上所有边缘的二值边缘图。因为 Hough 变换具有很好的直线分割能力，因此，对得到的二值边缘图，再应用 Hough 变换（Gonzalez 等，2002）找出初步满足要求的直边，作为刃边法测定的候选直边。计算候选直边与垂直方向的夹角（若候选直边是水平方向直边，应计算候选直边与水平方向的夹角），判断夹角是否在 2.5°～6°之间，将满足要求的候选直边确定为刃边法测定所需要的直边。

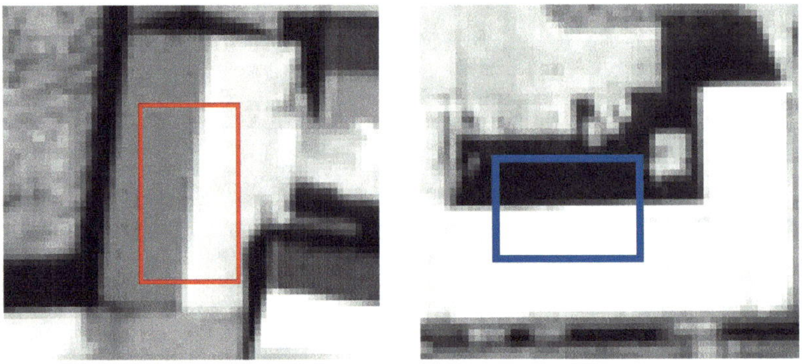

（a） 沿轨道方向的刃边地物　　（b） 垂直于轨道方向的刃边地物

图 2-17　刃边地物的选取

（2）实验

选取 2001 年 6 月北京首都国际机场 IKONOS 全色波段数据进行实验（图 2-19），验证本研究提出的刃边地物选取流程的可靠性。

首先用 Canny 边缘探测器来提取 IKONOS 影像的边缘，得到包含影像上所有边缘的二值边缘图（图 2-20）。

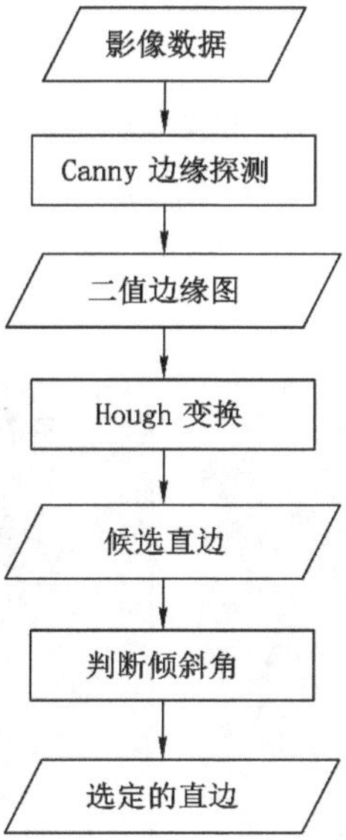

图 2-18　刃边地物选取的流程

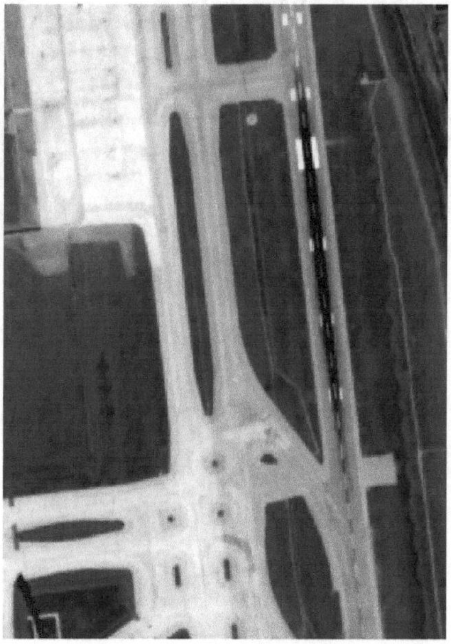

图 2-19　北京首都国际机场 IKONOS 全色波段影像

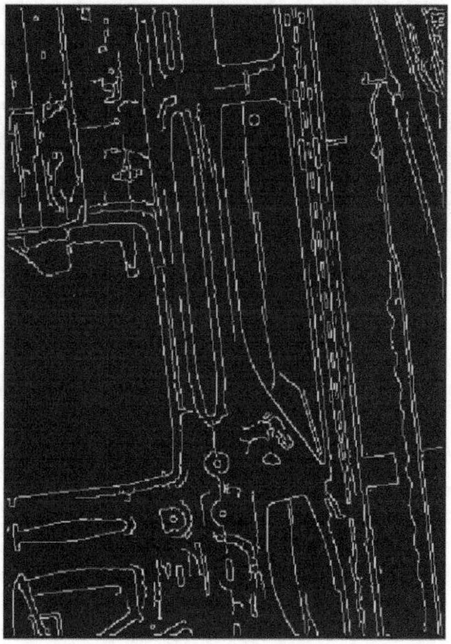

图 2-20　二值边缘图

对图 2-20 所示二值边缘图应用 Hough 变换，得到候选刃边地物的直边（图 2-21）。

图 2-21 中所有直边不一定都满足刃边法测定的要求，只有当直边与垂直方向或水平方向之间的夹角在 2.5°～6°之间，才满足要求。对图 2-21 中所有直边计算与垂直方向或水平方向之间的夹角，得到符合刃边法测定要求的地物边（图 2-22）。

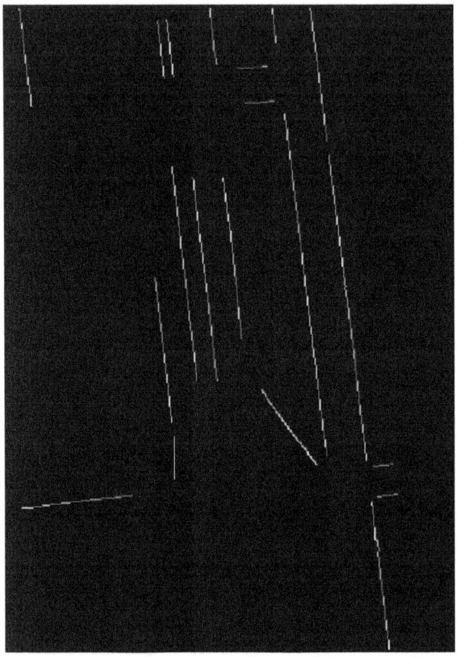

图 2-21　Hough 变换后得到的候选刃边地物的直边

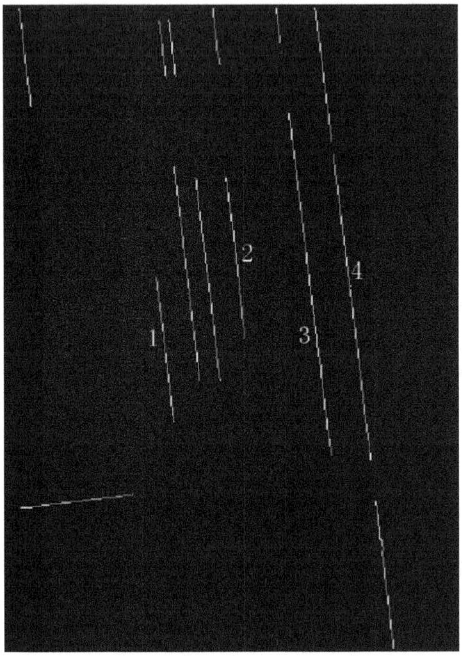

图 2-22　满足刃边法测定要求的地物边

注：标号 1、2、3、4 的直边是测定 *MTF* 所用地物的直边。

考虑到刃边地物必须具有一定长度和宽度，本研究从图 2-22 所示结果标定的直边中，选定 1、2、3 和 4 直边所对应的地物来测定 *MTF*，测定结果如图 2-23 所示。四条直边在奈奎斯特频率 0.5 处对应的 *MTF* 值分别为 0.181、0.176、0.167 和 0.172，平均值为 0.174，这个结果与 Cook 等（2001）公布的 IKONOS 全色波段 *MTF* 值比较接近，这表明了用本研究的方法选取的刃边地物是完全可行的。

利用本研究提出的刃边地物选取方法，可以很好地避免由刃边地物选取的随机性所造成的 *MTF* 测定结果的偏差。

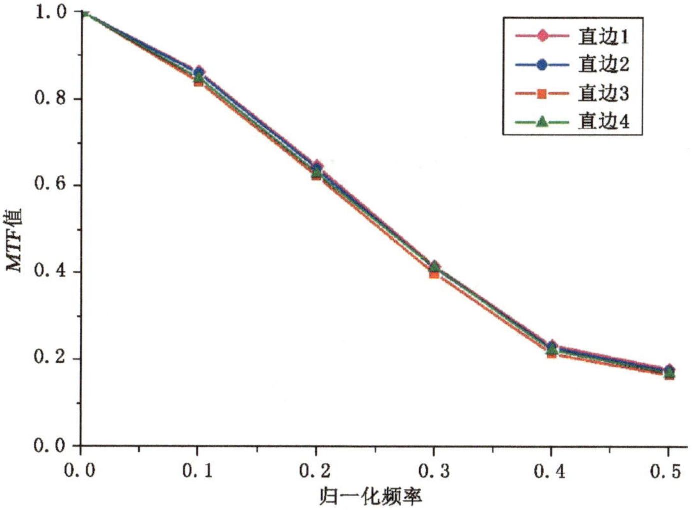

图 2-23　刃边法测定的 *MTF* 结果

2.2.3.2　考虑噪声影响的刃边法测定

(1) 方法

噪声是影响刃边法测定结果出现偏差的另一个重要因素。在用刃边法测定 *MTF* 值时,应该首先降低噪声对测定结果的影响。虽然在测定过程中,可以通过对 *ESF* 取平均的办法来减小噪声的影响,但这并不足以保证测定结果不会受到噪声的干扰。理想的情况是完全消除掉包含在影像内的噪声,用无噪声的影像去进行 *MTF* 测定,所得到的测定结果肯定与实际情况最接近。但这种理想情况是不可能出现的。Cushine 等(1985)证明了用 3×3 的中值滤波既可以减小影像噪声的影响,也可以很好地保留影像的边缘信息。故本研究采用中值滤波来降低影像噪声,并证明用降低噪声后的影像来进行 *MTF* 测定,可以提高测定的精度。具体流程如图 2-24 所示。

首先,模拟一个具有给定 *MTF* 值的刃边地物影像,地物满足刃边法测定的要求;然后,往影像中加入随机噪声,得到受噪声干扰的影像;用刃边法测定噪声影像的 *MTF* 值;用 3×3 中值滤波对噪声影像进行去噪处理,得到滤波后影像;用刃边法测定滤波后影像的 *MTF* 值;对比滤波后影像 *MTF*、噪声影像 *MTF* 和真实 *MTF* 值,证明用滤波后影像测定出的 *MTF* 值的可靠性。

(2) 实验

首先构建一个符合刃边法测定要求的具有直边的地物,然后改变其对应的 *MTF* 值(操作步骤参考第 5 章 5.4.1 节)生成一个具有指定 *MTF* 值的场景

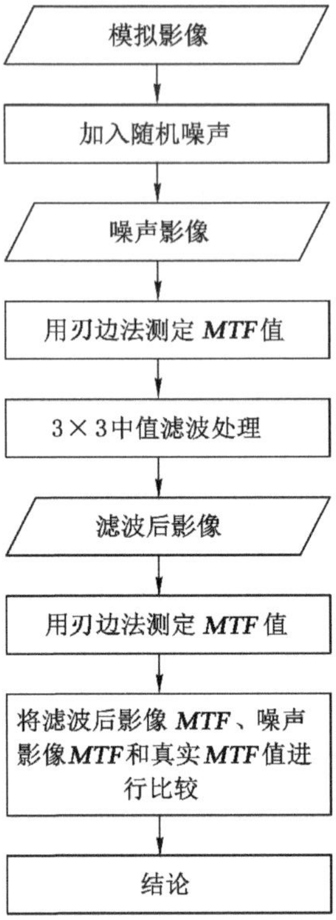

图 2-24　考虑噪声影响的刃边法测定精度验证实验流程

[图 2-25(a)]。因为地物两边的对比度对 *MTF* 测定结果没有影响(Li 等，2010)，为了操作方便，将图 2-25(a)黑白两边的 *DN* 值分别设置为 60、185，对应的 *MTF* 值是 0.173 4。往图 2-25(a)对应的模拟影像中加入均值为 0，方差分别为 5、7、9、11 和 13 的高斯噪声[图 2-25(b)～(f)]。

用刃边法测定图 2-25 所示的 6 个模拟影像所对应的 *MTF*，如图 2-26 所示。由图 2-26 所示结果可以看出，噪声对刃边法 *MTF* 测定结果有比较大的影响，且随着噪声增大，*MTF* 测定结果受到的影响也增大。在奈奎斯特频率 0.5 处，未加入噪声的影像 *MTF* 值为 0.171 3，方差为 13 的噪声影像 *MTF* 值为 0.143 6，两者与真实 *MTF* 值 0.173 4 之间分别相差 0.002 1 和 0.029 8，可见，噪声对刃边法 *MTF* 测定结果的影响比较大。

用 3×3 中值滤波对图 2-25(b)～(f)噪声影像进行去噪处理，同样用刃边法来测定滤波后的影像 *MTF* 值，测定结果如图 2-27 所示。由图 2-27 所示结果可以看出，经中值滤波后的噪声影像 *MTF* 测定结果更靠近未加入噪声的影像 *MTF* 测定结果(图 2-27 中的蓝线)。图 2-25(b)～(f)所示噪声影像在奈奎斯特

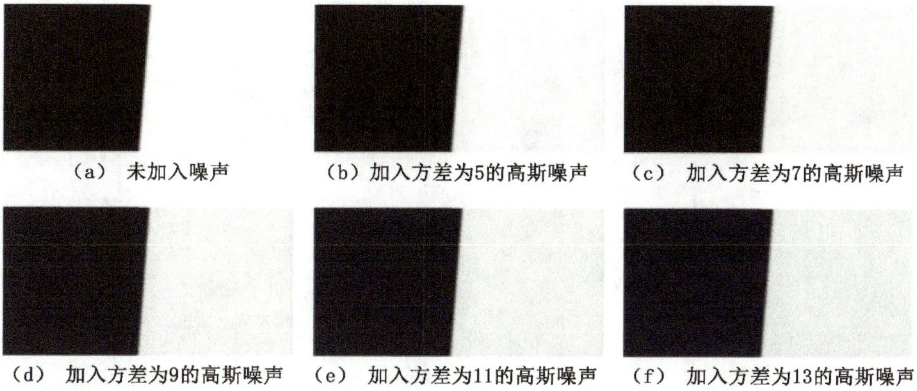

图 2-25　模拟的刃边地物

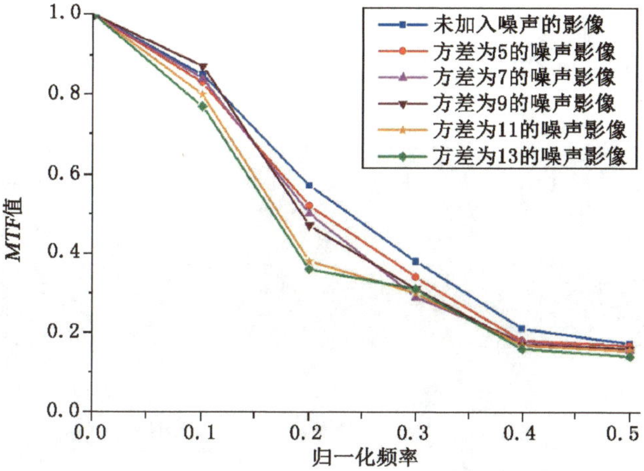

图 2-26　噪声影像 *MTF* 测定结果

频率 0.5 处的 *MTF* 值分别为 0.170 5、0.168 6、0.167 8、0.169 0 和 0.168 7，与真实 *MTF* 值0.173 4 比较接近，最大偏差只有 0.005 6。因此，经 3×3 中值滤波后的影像可以提高刃边法 *MTF* 测定的精度。

2.2.4　实例分析

选取了北京市某地区 IKONOS-2、QuickBird、SPOT5 全色波段以及资源一号 02C 卫星 HR(High Resolution，高分辨率)波段影像进行 *MTF* 测定，来检验本研究对刃边法测定改进的适用性。应该指出的是，由于真实影像所对应的 *MTF* 值无法得知，因此，本节的实例分析也只是给出了相应的测定结果，而无法进一步证

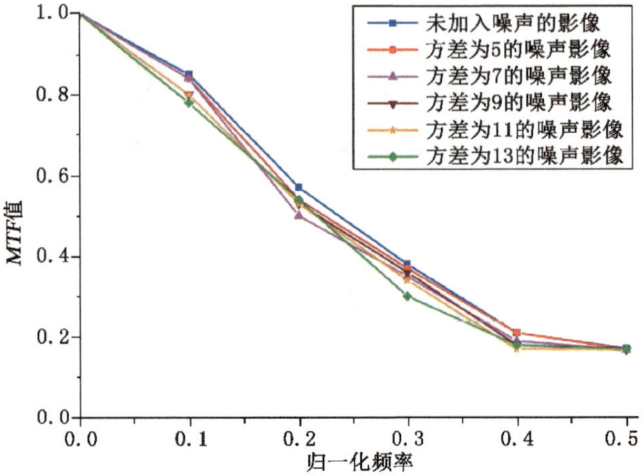

图 2-27　3×3 中值滤波后的噪声影像 *MTF* 测定结果

明测定结果与真实结果之间的偏差。影像区域如图 2-28 所示。影像具体情况如表 2-1 所示。

图 2-28　*MTF* 测定所选取的影像区域

表 2-1　*MTF* 测定所选取影像情况表

影像类型	波段	分辨率/m	MTFC[a]	日期
IKONOS-2	全色	1	否	2008.10.31
QuickBird	全色	0.61	否	2002.02.21

表 2-1(续)

影像类型	波段	分辨率/m	MTFC[a]	日　期
SPOT5	全色	2.5	否	2004.06.10
资源一号 02C	HR	2.36	否	2012.02.01

注：MTFC[a] 表示调制传递函数补偿(Modulation Transfer Function Compensation)。

首先应用本研究提出的刃边地物选取方法选取影像区域内符合要求的地物边，每一影像上选取的符合要求的地物边数量如表 2-2 所示。再应用 3×3 中值滤波对每一影像进行去噪处理，用刃边法分别测定每一地物边处对应的 *MTF* 值，然后将所有 *MTF* 值进行平均，得到每一影像对应的 *MTF* 值大小(如表 2-2 所示)。*MTF* 值有沿轨道方向和垂直轨道方向两个测定结果。

表 2-2　用刃边法测定的不同传感器影像对应的 *MTF* 值

影像类型	影像区域	选取边缘数	沿轨道方向 *MTF*	垂直轨道方向 *MTF*
IKONOS-2	北京某区域	39	0.19±0.02	0.16±0.03
QuickBird	北京某区域	47	0.12±0.01	0.14±0.04
SPOT5	北京某区域	28	0.09±0.008	0.07±0.004
资源一号 02C	北京某区域	31	0.06±0.003	0.05±0.001

用本研究改进的刃边法测定出的 IKONOS 全色波段 *MTF* 值在 0.16 附近，与 Cook 等(2001)公布的结果比较接近，这可以证明本研究方法的可靠性。由表 2-2 可以看出，资源一号 02C 和 SPOT5 卫星 *MTF* 值要小于 IKONOS-2 和 QuickBird 的，但据此并不能判断这个规律在其他区域也成立，因为各个区域成像条件不同。另外，因为测定所采用的影像成像日期不尽相同，因此所得到的各成像系统 *MTF* 值大小只能代表成像系统在当时当地条件下的值。如果要严格对比各遥感成像系统的 *MTF* 值大小，可以采用相同时刻的地面测试场区域影像来进行在轨比较。由于条件所限，本研究没有进行这样的比较。

2.3　信噪比

2.3.1　概念

遥感成像系统对地面物体进行成像，受遥感器、成像环境以及下垫面等因素的影响，获取的影像数据中总会存在噪声。因此，真实影像数据一般可以看作由两部分构成：一是信号，即没有受噪声影响的部分；二是噪声。影像数据中信号与噪声之间的相对大小，影响着影像数据的应用能力。信号与噪声的比值称作信噪比，它是一个无量纲的标量。

在实际应用中，信噪比的具体定义形式有很多种（Fiete 等，2001），诸如公式(2-7)、公式(2-8)，一般应根据具体的应用来给出具体的定义形式(Schowengerdt，2007)。不同定义形式的信噪比，区别在于信号和噪声的表达上，而并没有本质上的区别。

$$SNR = \frac{\sigma_{\text{signal}}}{\sigma_{\text{noise}}} \tag{2-7}$$

$$SNR = \frac{Mean_{\text{DN}}}{\sigma_{\text{DN}}} \tag{2-8}$$

2.3.2 常用测定方法及存在的问题

遥感成像系统信噪比的测定，关键在于噪声大小的测定。一般来讲，有三种方法来测定噪声大小：实验室法、暗电流法和影像法。对于在轨测试来说，影像法是唯一可取的方法。

2.3.2.1 均质区域法

各种基于影像的方法在近二三十年中相继被提出。最简单、应用最广泛的一种方法是均质区域法。这种方法测定信噪比的过程是：用户在待评价影像上选取一大块均质区域，计算此区域内 DN 平均值和标准差。因为区域是均质的，因此，标准差被认为是空间上非相关的随机噪声。这样，计算出的区域 DN 平均值与标准差的比值就是信噪比。

这种方法的优点是简单易操作，缺点是大范围均质区域很难在影像上得到。因此，这种方法在实际应用中受到很大限制，特别对于具有更详细的空间细节和纹理信息的高空间分辨率遥感影像更是如此。

2.3.2.2 地统计学方法

地统计学方法（Geostatistical Method，GSM）最早被应用于评估 AVIRIS (Airborne Visible/Infrared Imaging Spectrometer)数据的信噪比。Curran 等(1989)、Atkinson (1997)、Atkinson 等(2005)、Atkinson 等(2007)、Asmat 等(2010)相继应用 GSM 方法来估算遥感影像数据的信噪比。

在地统计学中，遥感影像像元值可以认为是一个区域化变量，在内蕴假设条件下，变异函数存在，即：

$$\gamma(h) = \frac{1}{2}E[Z(x) - Z(x+h)]^2 \tag{2-9}$$

式中，x 是像元位置；h 是间隔距离；$\gamma(h)$是变异函数。

对变异函数 $\gamma(h)$，当 $h=0$ 时，$\gamma(h)\neq 0$，而是等于一个常数 C_0，这种现象称为块金效应，C_0 称为块金方差。因为遥感影像是经过 PSF 卷积而来，因此，其邻近像元在空间上就具有很大的自相关性。这样，当 $h\to 0$，信号对 C_0 的贡献应该也接近 0，C_0 可以被认为是由噪声造成的（Curran 等，1989；Atkinson，2005）。GSM 方法测定的 SNR 可以用公式(2-10)来表示。

$$\hat{SNR}=\frac{m}{\sqrt{C_0}} \tag{2-10}$$

GSM 方法的优点是不需要选取影像上局部均质区域，缺点是用模型来拟合变异函数，求取块金方差 C_0 的误差不好控制。如图 2-29 所示，影像的变异函数可以用指数、球状、高斯、对数等不同模型来进行拟合，块金方差 C_0 值的大小与采用哪一种模型以及模型参数选取有关。另外，对于高空间分辨率遥感影像来说，GSM 方法并不能很好地考虑影像上纹理对噪声提取的影响。

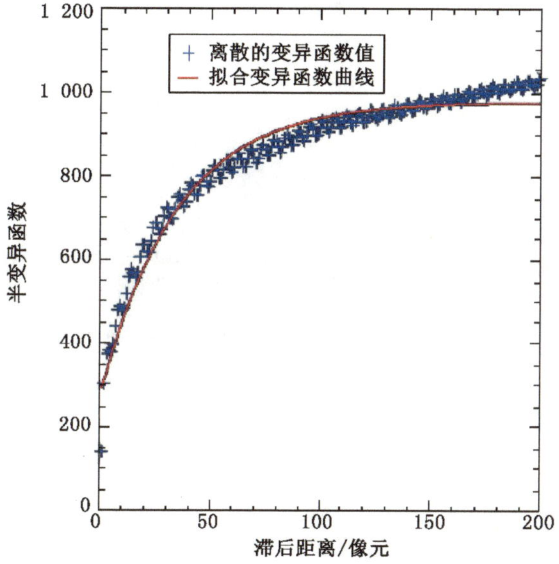

图 2-29　遥感影像的变异函数拟合

2.3.2.3　局部方差法

Lee 等(1989)考虑到影像上存在大量局部均质的小区域的特点，提出了一种局部方差法来自动评估影像信噪比大小，其基本思路是：整个影像用 4×4 或 8×8 小窗口划分成若干单元，计算每一小窗口内的均值和方差，将所有小窗口的均值平方和方差表达成散点图，使用 Hough 变换得到一条通过最多散点的直线,这条直线就决定了影像噪声的特性。对于乘性噪声,这种方法非常适用,例如,SAR 噪声估计,但对于加性噪声,这种方法精度不高,原因在于其直线斜率的误差会造成噪声估计有很大偏差(Gao,1993)。

Meer 等(1990)提出了一种并行算法来估计具有加性噪声的影像噪声大小。其基本原理是:将整个影像用一系列不同大小小窗口划分成若干单元,统计每个小窗口内的方差,然后对方差定义不同的阈值和规则,根据这些阈值和规则来选取方差,作为影像噪声大小。这种方法估计噪声的精度取决于其阈值和规则制定合适与否,具有很强的主观性。

Gao(1993)同样考虑影像上存在大量局部均质小区域的特点,将整个影像用小窗口划分成若干单元,计算小窗口内局部标准差和均值,然后统计标准差分布,估计出影像噪声大小。其基本原理是:

(1) 将整个影像用 4×4 或 5×5 或 6×6 或 7×7 或 8×8 等小窗口划分成若干单元,计算每一小窗口内均值 LM 和标准差 LSD[图 2-30(a)]。均质的小窗口,其 LSD 较小;包含有边缘和纹理等信息的小窗口,其 LSD 较大。计算出所有 LSD 的平均值,并统计出所有 LSD 中最小 LSD 和最大 LSD。

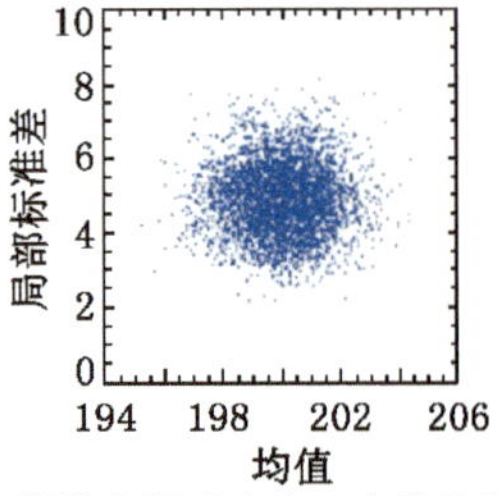

(a) 影像上滑动小窗口内均值和局部标准差分布

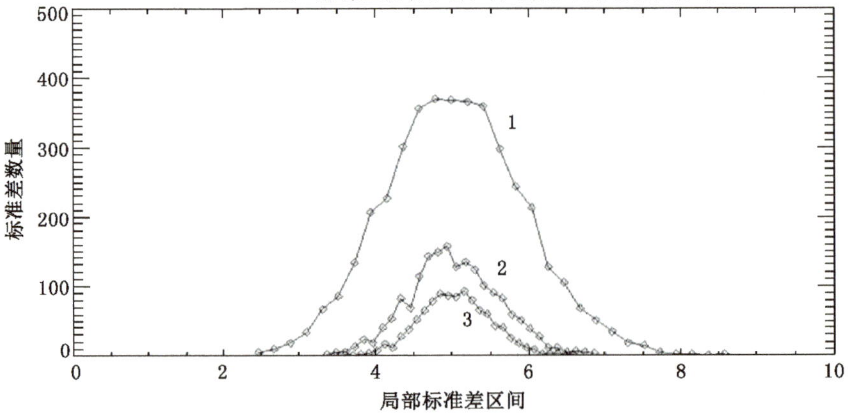

(b) 影像上滑动小窗口内局部标准差统计,
曲线1、2、3分别对应的滑动小窗口大小为4×4、6×6和8×8

图 2-30 影像上滑动小窗口内的均值和局部标准差分布及其局部标准差统计

(2) 将最小 LSD 和最大 LSD 区间等分成若干小区间，统计落在每个小区间内 LSD 数量[图 2-30(b)]，将包含 LSD 数量最多的那个区间内的 LSD 平均值作为影像噪声大小。为了消除区间划分对噪声求取的影响，可以采用经验参数设置：当影像尺寸不小于 500×500 时，在最小 LSD 与 LSD 平均值的 1.2 倍之间划分 150 个小区间比较合适。

(3) 将影像像元 DN 值的均值除以(2)得到的噪声，就得到影像信噪比的大小。

虽然此方法对于估计具有加性噪声的影像噪声大小具有很好的效果，而且也考虑到了影像纹理和边缘信息对噪声估计的影响，但对于高空间分辨率遥感影像来说，它的适用性和稳定性还有待进一步检验。原因是高空间分辨率遥感影像具有更详细的空间信息、纹理信息以及边缘信息，这使得局部标准差变得更加复杂，局部标准差数量最多的区间不一定是影像噪声真正之所在。

除了上面介绍的三种信噪比测定方法外，还有其他一些方法，针对特定影像信噪比的测定。例如，Roger 等(1996)提出用去相关法来测定高光谱影像的信噪比，但对于高空间分辨率遥感影像信噪比的估算并不太适用，原因在于高空间分辨率遥感影像的波段数相对较少，波段间相关性并不大。Delvit 等(2002)用人工神经网络方法来估算影像信噪比，其可靠性在于神经网络学习能力，而高空间分辨率遥感影像具有较大的类内差异和较小的类间差异特征(Blaschke，2010)，这种方法对于这类影像信噪比估算的可靠性还有待进一步验证。

2.3.3　改进的局部方差法

高空间分辨率遥感影像具有更详细的地面空间细节信息、边缘信息以及更强的纹理信息，利用常用方法并不能很好地测定出数据的信噪比大小。Baltsavias 等(2001)提出了用划分子区间的办法来估计影像数据的信噪比。本研究在此方法基础上进行了改进，提出了一种改进的局部方差法，用来估计高空间分辨率遥感影像的噪声大小。

2.3.3.1　基本原理

此方法分均质区域和非均质区域两种情况来估算影像噪声大小，具体的基本原理如图 2-31 所示。对于均质区域噪声估算：用小窗口(一般是 3×3 或 5×5)在均质区域内滑动(一般步长是 3 或 5 个像元)，计算每一次滑动后小窗口内的局部标准差；将所有局部标准差进行排序，取 75%～90%最小值的平均值作为噪声大小 σ_S 估计。对于非均质区域噪声估算：用 3×3 小窗口、3 个像元步长在均质区域内滑动，计算每一次滑动后小窗口内的局部标准差和均值；将影像 DN 值动态范围 0～(2^n-1)(n 是获取此影像的遥感器的辐射分辨率，单位：

bit)划分成若干等间隔的子区间(一般子区间间隔是 255);通过判断滑动小窗口内的均值是否落入某个子区间的办法,将所有局部标准差统计到对应子区间内;对落入每个子区间内的局部标准差进行排序,取 5%最小值的平均值作为此子区间内噪声大小 σ_S 估计,剩余的 95%局部标准差被认为是由边缘、纹理等特征所造成的。这样,用这种改进的局部方差法估算出的影像信噪比为:

$$S\hat{N}R = \frac{\text{Signal}}{\sigma_S} \tag{2-11}$$

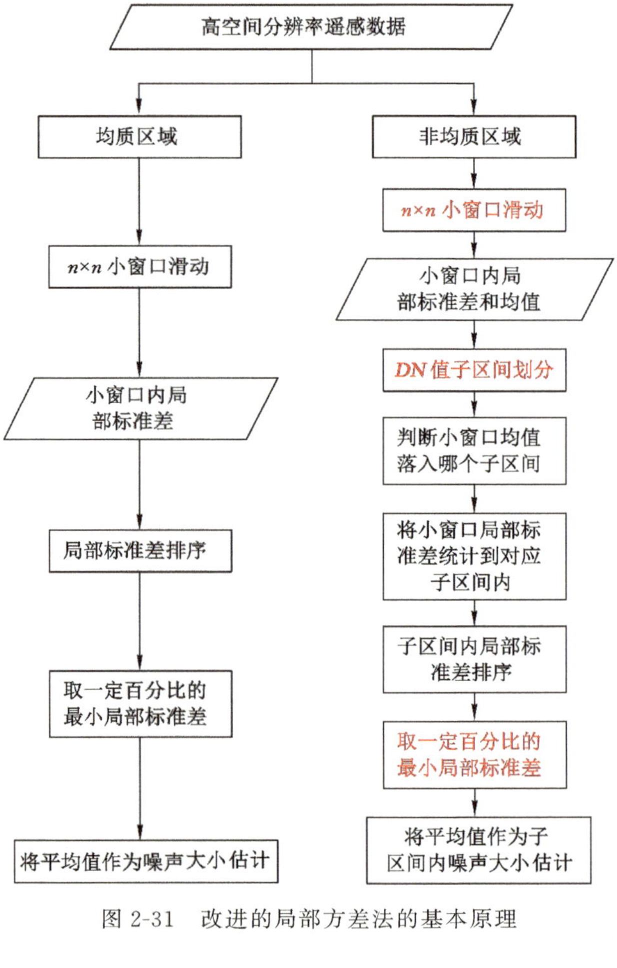

图 2-31　改进的局部方差法的基本原理

从改进的局部方差法估算噪声的过程可以看出,有三个因素会影响噪声估算的精度,一是滑动小窗口的大小,二是划分的子区间间隔大小,三是估算噪声所选取的最小局部标准差的百分比(图 2-31 中标注红色字体部分)。本研究针对这三个方面的因素进行改进。

不同空间分辨率的影像数据,用相同大小的小窗口来进行滑动,小窗口所包含的实际面积大小是不一样的。例如,3×3 窗口,在 IKONOS 全色波段影像上包含的实际面积是 9 m^2,而在 SPOT5 全色波段影像上所包含的实际面积是 56.25 m^2(Crespi 等,2009)。包含的实际面积越大,则包含的边缘、纹理等信息越多,计算出来的局部标准差也就越大,从而估算的噪声也就越大。通过实验分析,本研究认为,滑动小窗口采用 3×3 大小来估算噪声是比较可靠的。

原始高空间分辨率影像数据的 *DN* 值动态范围一般都比较大,但 *DN* 值大部分都集中在低值区,高值区的相对比较少。考虑到 *DN* 值的这种分布,为使子区间划分更有意义,本研究建议在 *DN* 值集中区,划分的子区间间隔可以相对小一些(如:32 或 64 或 128 个灰度值间隔),而在 *DN* 值分散区,子区间间隔可以设得比较大一些(如:255)。也就是说,根据影像数据的 *DN* 值分布,自适应地划分子区间间隔大小。

估算噪声所选取的最小局部标准差的百分比,一般确定为 5%是比较合理的。可以按照以下方法来自适应地确定:以 1%,2%,3%,…,10%等不同百分比分别估算噪声,然后用三次样条函数来进行拟合,拟合函数的二次导数为 0 处,即可确定为比较合适的百分比。

2.3.3.2 验证

本研究用模拟数据加入给定噪声的方法来验证改进的局部方差法估算噪声的有效性。模拟数据的生成过程如下:① 首先生成一个 32×32 大小的影像,影像上像元 *DN* 值在 0~2 047 之间服从正态分布;② 将影像上每一个像元扩展成 8×8 大小的均值区域,这样,就生成一个 256×256 大小的具有均值区域的影像[图 2-32(a)],此影像 *DN* 直方图[图 2-32(b)]与真实高空间分辨率遥感影像的 *DN* 直方图相似;③ 往生成的影像中加入均值为 0、标准差为 5.01 的高斯噪声,这样就得到一个具有给定噪声的模拟影像[图 2-32(c)],其 *DN* 直方图[图 2-32(d)]与无噪声影像 *DN* 直方图形状类似。若用改进的局部方差法对图 2-32(c)所示的模拟影像估算出的噪声大小与真实噪声 5.01 比较接近,就可以证明此方法的有效性。

用改进的局部方差法来估算图 2-32(c)所示的模拟影像噪声。滑动小窗口设置成 3×3 大小。根据影像的 *DN* 直方图,将 *DN* 值子区间划分为 0~512,以 32 灰度间隔来划分,其他 *DN* 范围以 255 灰度间隔来划分。对落在每一个子区间内的排序局部标准差以 1%,2%,3%,…,10%等不同百分比分别估算噪声,然后用三次样条函数来进行拟合,拟合函数的二次导数为 0 处,即为比较合适的百分比。这个百分比基本上都在 4.5%左右。以 4.5%来估算每一个子区间内的噪声,结果如图 2-33 所示。

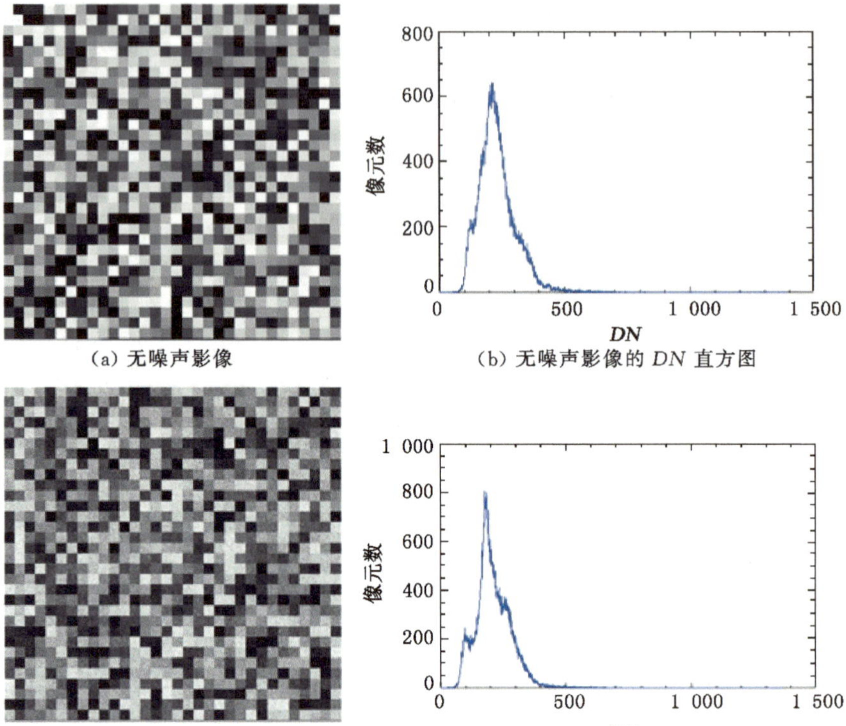

(a) 无噪声影像　(b) 无噪声影像的 *DN* 直方图

(c) 噪声为 5.01 的影像　(d) 噪声为 5.01 的影像 *DN* 直方图

图 2-32　模拟影像

从图 2-33 可以看出,用改进的局部方差法测定出的每一子区间内的噪声与真实噪声 5.01 相差不大,基本上都在 5 左右。这表明,此方法对于估算影像噪声具有很好的效果。

2.3.4　实例分析

本研究采用改进的局部方差法对北京地区 QuickBird、IKONOS-2 以及资源一号 02C 的 HR 影像信噪比进行了测定,影像数据如图 2-34 所示,每一影像的直方图如图 2-35 所示,影像波段、成像时间和分辨率大小如表 2-1 所示。按照改进的局部方差法原理,对图 2-34 所示的三幅影像进行了噪声测定,结果如图 2-36 所示。滑动小窗口采用 3×3,*DN* 值子区间的划分根据影像直方图上 *DN* 值的分布自适应设置(见图 2-36 横坐标)。估算噪声所选取的最小局部标准差的百分比采用自适应方法来确定,即:对各子区间内不同百分比下噪声值用三次样条函数进行拟合,求取其二次导数为 0 处对应的百分比为

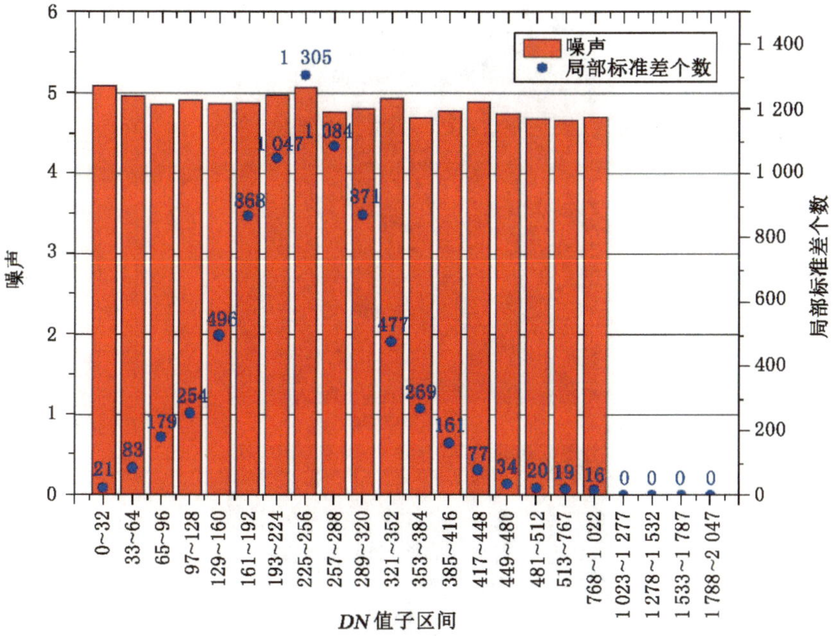

图 2-33　用改进的局部方差法测定的噪声

5.5%。用改进的局部方差法能得到一个各 *DN* 值区间内的噪声大小。结合图 2-35 和图 2-36 可以看出，在 *DN* 值集聚区间内，噪声比较接近，且明显小于非 *DN* 值集聚区；*DN* 值集聚区间内局部标准差个数远远大于非 *DN* 值集聚区间；个别非 *DN* 值集聚区间内局部标准差数量非常少。例如，128～160 区间内只有一个局部标准差，因此，本研究可以认为，*DN* 值集聚区间内的噪声大小能够代表影像真实的噪声大小，而非 *DN* 值集聚区间内所谓噪声并不能代表影像真实噪声大小，一般认为它是由影像纹理或边缘或异质性等因素所造成的。可以将局部标准差数量比较多的 *DN* 值集聚区间内噪声取平均值(此处取值方法有待进一步研究)，得到改进的局部方差法测定的噪声大小。

用改进的局部方差法测定的噪声和信噪比如表 2-3 所示。测定出的 QuickBird 全色波段信噪比要高于 IKONOS-2 全色波段的，这可能是由影像时相的差别以及影像下垫面不一致所导致的。另外，这两个卫星传感器在轨运行时间也不一样，IKONOS 要早于 QuickBird，运行时间越长，硬件性能衰减也越多，噪声有可能也越大。资源一号 02C 的 HR 波段信噪比相对于同地区的 IKONOS-2 全色波段的要高，这可能是由两个因素导致的：一是资源一号 02C 星 2011 年 12 月发射，而测定所采用影像的时间是 2012 年 2 月，在轨运行时间非常短，硬件性

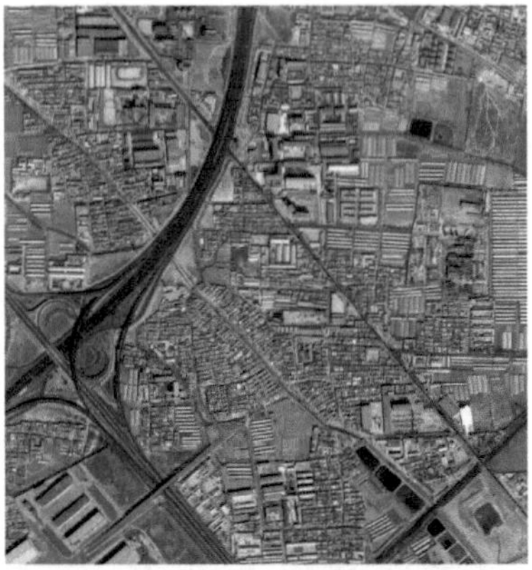

（a） QuickBird

（b）IKONOS-2

（c） 资源一号02C

图 2-34　测定 SNR 所用的影像

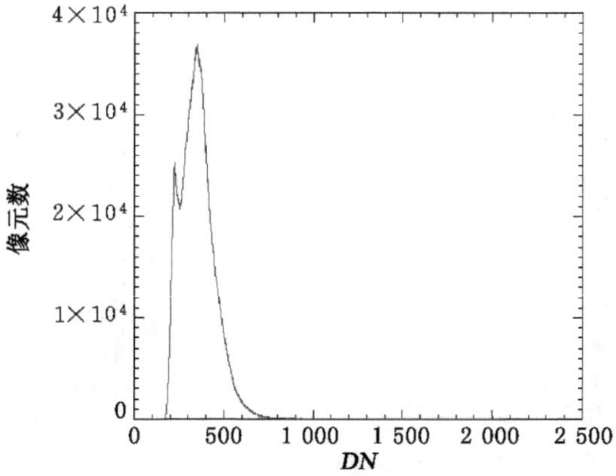

（a） QuickBird

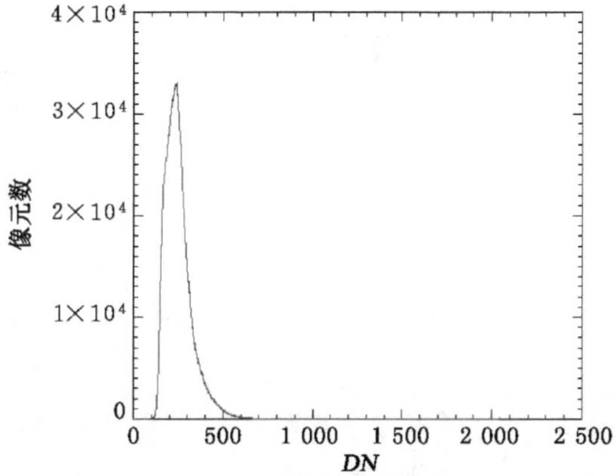

（b）IKONOS-2

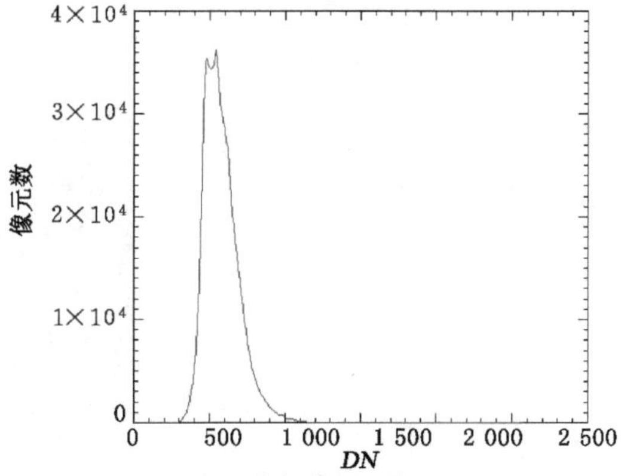

（c）资源一号 02C

图 2-35　图 2-34 的影像直方图

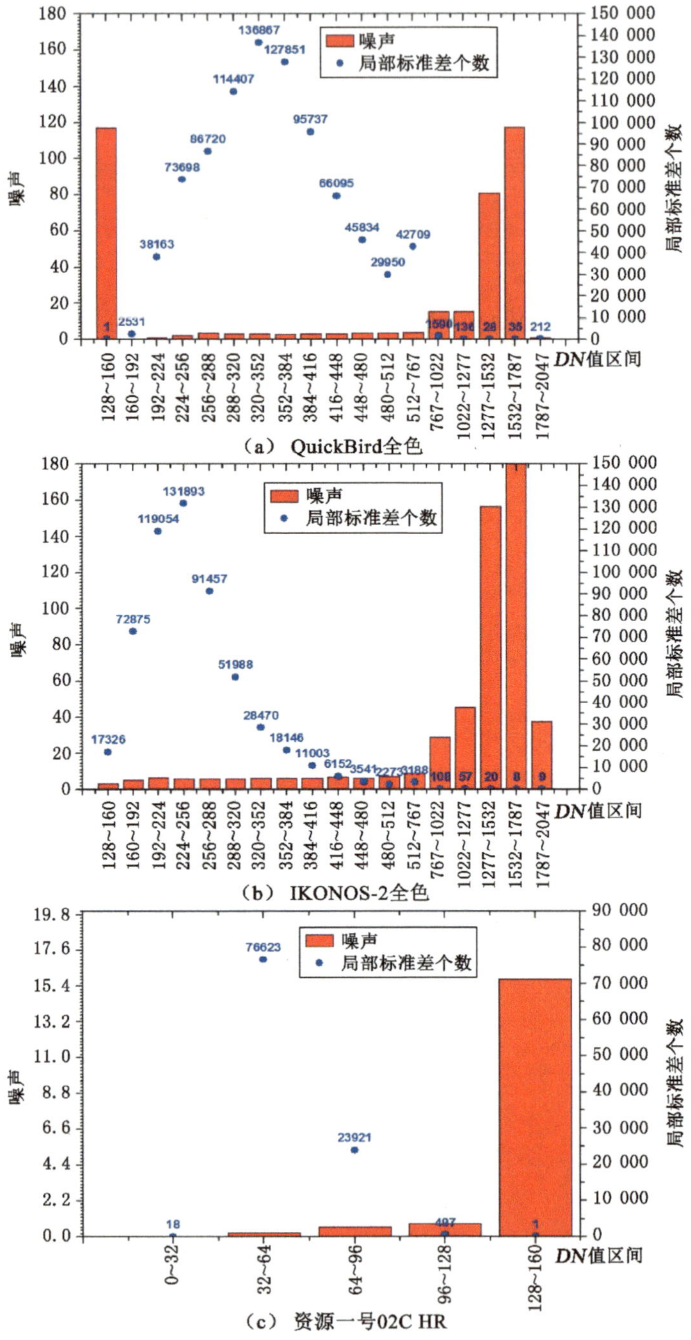

图 2-36 改进的局部方差法测定的噪声结果

能衰减不多；二是两种传感器空间分辨率不一样，空间分辨率大，可能会平滑掉一部分噪声。严格的 *SNR* 对比，需要用同时相同地区的各自影像，采用相同方法来进行比较。

表 2-3　用改进的局部方差法测定的噪声和信噪比

影像类型	噪声	*SNR*
QuickBird 全色	5.128 7	97.880 6
IKONOS-2 全色	6.177 1	67.507 4
资源一号 02C HR	0.571 6	106.718 0

2.4　其他基础质量参数

2.4.1　波段间配准精度

在遥感成像过程中，不同波段影像往往由不同探测元件探测生成，高空间分辨率遥感影像更是如此。如果地物光谱信息到达各探测元件的路径有微小不同，会使各探测元件捕捉到的地物光谱信息存在着细小位置差异，从而造成波段间配准误差（于海洋等，2007）。波段间配准精度影响遥感影像专题信息提取效果。

评价波段配准精度的关键在于实现亚像元水平的配准。陈正超等（2006）提出基于灰度＋亚像元级配准的方法，具体流程如图 2-37 所示。

为了验证该方法的效果，本研究利用高分二号多光谱影像进行测试，如图 2-38 所示。该多光谱遥感影像空间分辨率为 4 m，由 4 个波段影像组成，波段范围分别为 0.45～0.52 μm、0.52～0.59 μm、0.63～0.69 μm 和 0.77～0.89 μm，对应波段为蓝、绿、红和近红。为了表示方便，分别记为 B1、B2、B3 和 B4 波段。

以 B3 波段为参考波段，选取 40 个控制点，计算波段间配准精度，如表 2-4 所示。根据计算结果可以看出：高分二号多光谱影像波段间配准误差均在 1.5 个像元以内。应该指出，本研究测试所采用的高分二号多光谱影像区域范围和时相均有限，故计算出的波段间配准精度并不能完全代表该类影像该基础质量参数的实际情况。但只要条件允许，应用此方法可以推测出该类影像的波段间配准精度。

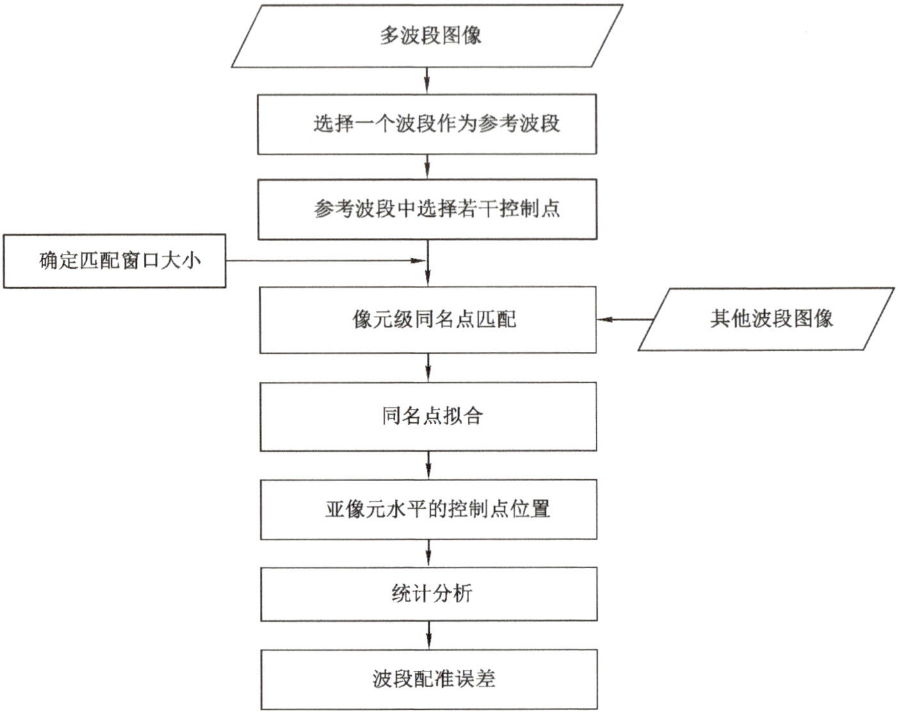

图 2-37　多波段影像波段间配准精度计算方法

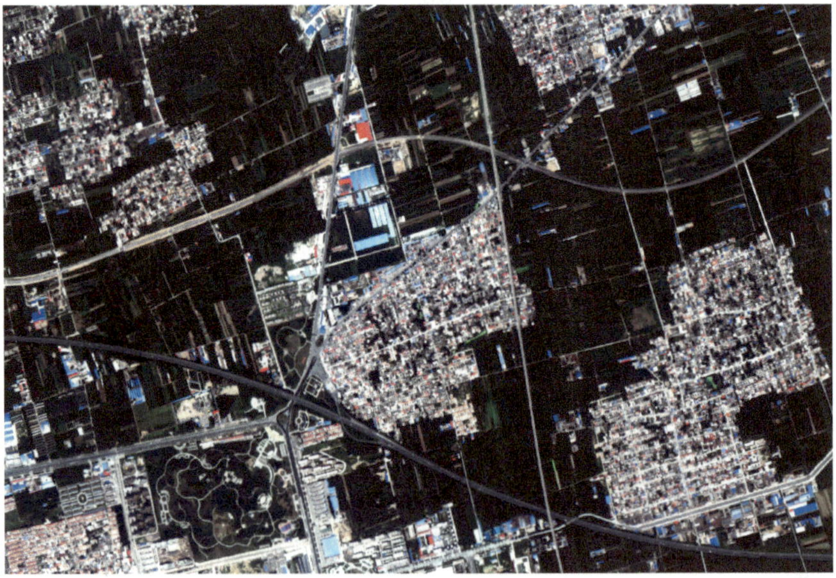

图 2-38　高分二号多光谱影像(焦作地区)

表 2-4　高分二号多光谱影像波段间配准精度情况表　　单位：像元

	波段	B3		B4	
		X	Y	X	Y
配准误差	B1	1.02	0.62	—	—
标准差		1.31	0.96	—	—
配准误差	B2	1.08	0.56	—	—
标准差		0.87	1.27	—	—
配准误差	B3	—	—	0.74	0.42
标准差		—	—	0.99	1.65

2.4.2　半峰宽和相对边缘响应

半峰宽(FWHM,Full Width at Half Maxima)是指峰值一半处的宽度，又称半宽度，如图 2-39 所示。半峰宽表征的是遥感器的实际地面识别能力。

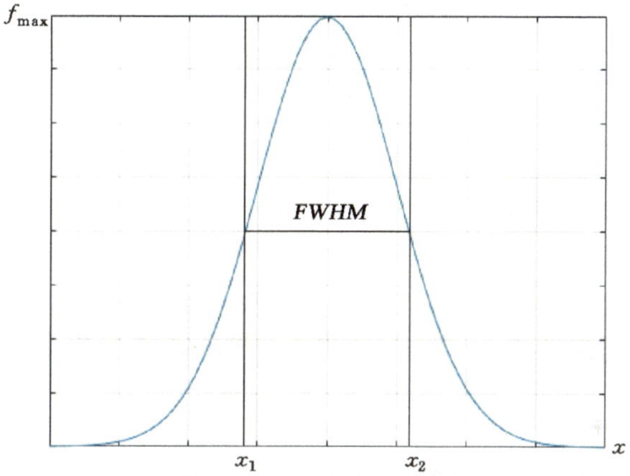

图 2-39　半峰宽示意图

半峰宽评价的技术流程如下：

第一步，选取刃边影像区域。此区域特点是：有严格的直边，且直边在垂直和水平方向倾斜角度在 4°～8°之间；直边两边地物均匀，且具有较大的对比度；直边两边地物的宽度不小于 10 个像元。

第二步，边缘探测。利用线性拟合方法得到选定的刃边影像区域的直边。

第三步，得到边缘扩展函数。利用插值拟合方法得到垂直于边缘的边缘扩展函数，然后平均所有边缘扩展函数，得到最终的边缘扩展函数。

第四步，线性扩展函数。对边缘扩展函数求导，并归一化后得到线性扩展函数。

第五步，半峰宽($FWHM$)测定。利用线性扩展函数，计算其左右 0.5 位置间的距离，得到 $FWHM$。

相对边缘响应(RER,Relative Edge Response)表征的是遥感影像边缘清晰程度,反映的是遥感器空间分辨能力,如图 2-40 所示。

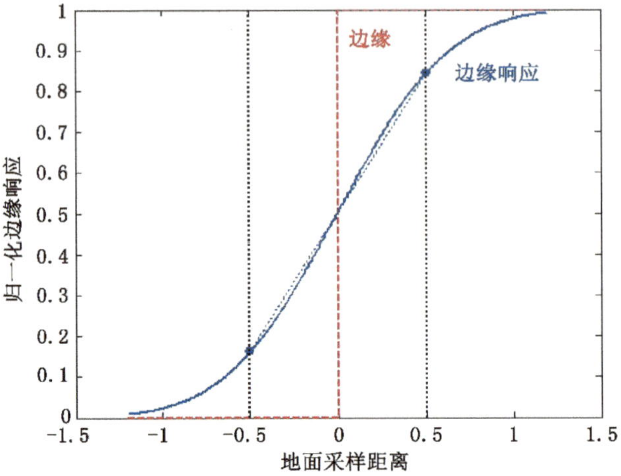

图 2-40　相对边缘响应示意图(Pagnutti,2006)

相对边缘响应评价技术流程的前三步与半峰宽参数评价相同。在此基础上,利用得到的边缘扩展函数,对其进行归一化处理,计算其−0.5 和 0.5 位置处的值,其值之差的绝对值即为 *RER* 值。

选取 2005 年北京地区的 QuickBird 全色影像为数据源(图 2-41),测定其参数值(图 2-42)。实测结果表明:2005 年 QuickBird 全色影像 *FWHM* 在 1.4 像元附近,*RER* 值在 0.55 左右。

图 2-41　QuickBird 全色影像(北京地区,A、B、C 是选取的测试用直边)

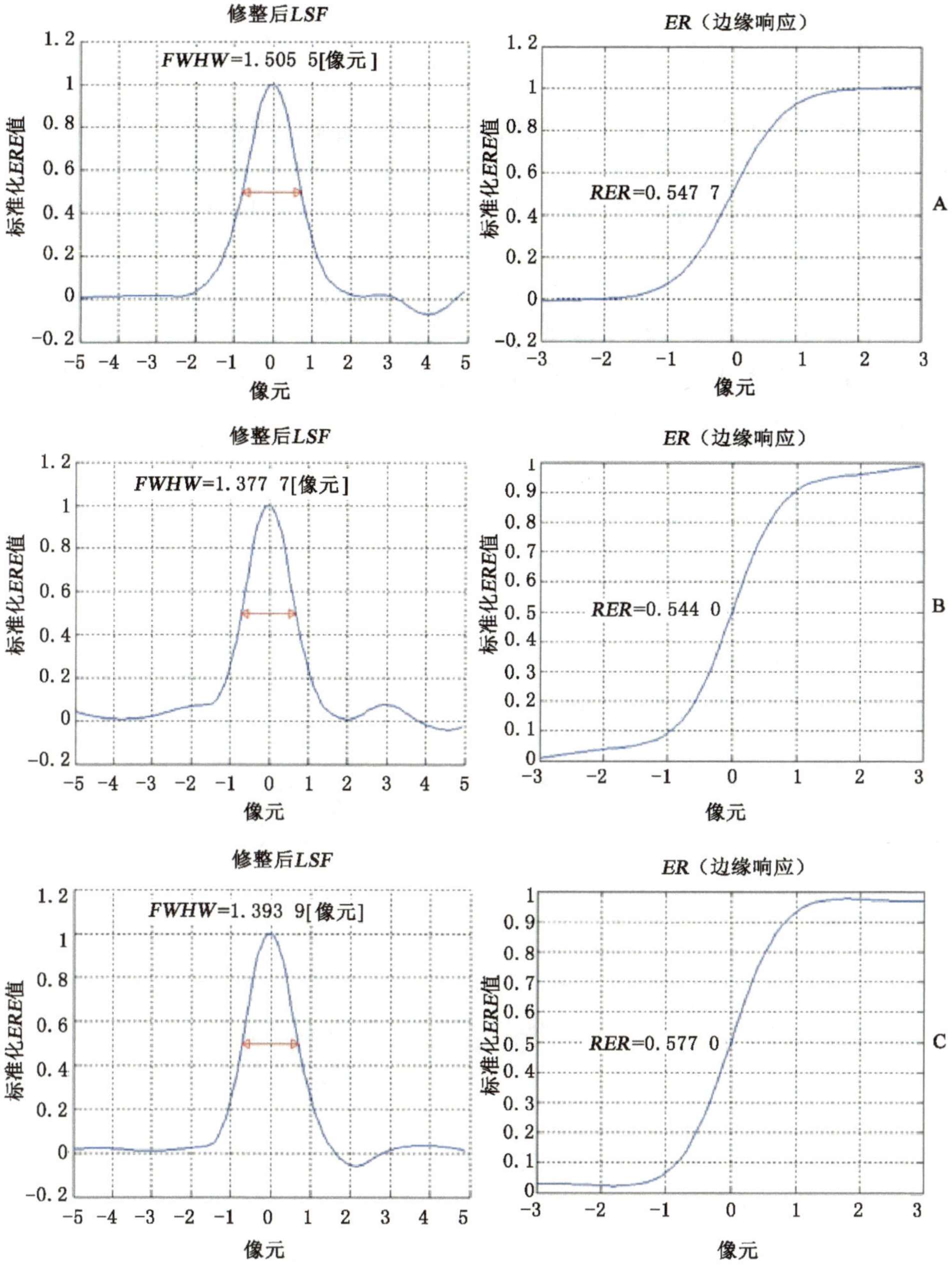

图 2-42　图 2-41 中 A、B、C 三处 *FWHM* 和 *RER* 测定值

2.5 本章小结

本章详细介绍了高空间分辨率遥感影像的基础质量参数体系,从土地利用变更调查与变化监测业务出发,重点讨论了 MTF 和 SNR 这两个基础质量参数的测定方法,并用实验进行了方法可靠性的验证。从刃边地物选取和影像噪声去除等方面改进了测定 MTF 的刃边法。针对高空间分辨率遥感影像具有很强的空间细节信息、边缘信息和纹理信息的特点,提出了用改进的局部方差法来测定数据的信噪比。简要介绍了波段间配准精度、半峰宽和相对边缘响应等基础质量参数的测定方法及应用。本章的基础质量测定方法是本书后续章节进行数据应用能力评价的基础。

第 3 章　高空间分辨率遥感影像分割质量评价方法

3.1　引言

越来越多的高空间分辨率遥感影像被应用于许多领域，如森林变化检测(Desclée 等，2006)，土地利用监测(Myint 等，2011)。相比于中低空间分辨率的遥感影像，高空间分辨率遥感影像提供了更详细的地表空间信息。传统基于像元的影像分析方法在分析和分类这些影像时逐渐暴露出一些严重问题(Campbell，2007)，因为这类方法仅仅考虑影像的光谱信息，而忽略了影像的空间信息(Benz 等，2004；Walter，2004；Castillejo-González 等，2009)。作为一种替代方法，面向对象影像分析(Object-Based Image Analysis，OBIA)方法已经越来越流行(Blaschke 等，2000；Schiewe 等，2001；Hay 等，2005 & 2006；Yu 等，2006；Im et al，2008；Hölbling 等，2012)。OBIA 中一个很关键的环节是影像分割，它将影像分成一系列有意义的分割对象(Marçal 等，2009)。理想地，分割对象应该与其场景物体的实际影像区域(Actual Image Region，AIR)完全重合。实际上，由于影像本身质量、地面异质性以及分割算法等因素共同影响，分割对象往往与其 AIR 不重合(Carleer 等，2005；Lang 等，2009)。这种不重合程度体现了影像分割质量的好坏。影像分割质量严重地影响了影像后分类精度(Neubert 等，2003；Meinel 等，2004；Blaschke 等，2006；Weidner，2008；Blaschke，2010；Clinton 等，2010)。因此，提出一个有效地评价影像分割质量的方法十分必要。

目前，主要有两种类型的影像分割质量评价方法。一种是基于面积匹配的方法(Yang 等，1995；Lucieer 等，2002；Zhan 等，2005；Möller 等，2007；Weidner，2008)。这类方法的做法是：选取最大面积的分割对象或相交面积较大的分割对象，将其面积与 AIR 面积进行对比来评价分割质量。这类方法并没有考虑与 AIR 相交的所有分割对象。实际上，对于分割质量评价来说，这类方法中没有考虑的分割对象并不是不重要的。例如，一个场景物体内部被分割成三个分割对象，这三个分割对象的面积分别占场景物体面积的 1/10、3/10 和 6/10。因为这个场景物体的区域范围被这三个分割对象完全提取出来，三个分割物体的面积和与其场景物体的面积完全相同，没有面积差异，所以，这样的分割结果被认为是可以接受的。对于这样的一个分割结果，如果仅用最大面积的分割对象（面积为 6/10）或者相交面积较大的分割对象与场景物体面积进行比较，来评价分割质量，其评价的结果是分割质量相当不好。显然，这与事实并不吻合。因此，现有的面积匹配方法不能十分客观地评价分割质量。

另一种是基于边缘匹配的方法（Delves 等，1992；Lucieer 等，2002；Radoux 等，2007）。这类方法通过计算分割对象的边缘与其场景物体 AIR 的边缘之间的距离来评价分割质量，距离越小，则分割质量越好。这种距离的计算依赖于在边缘上选点的方式以及选取点的数量，例如，是在边缘上均匀选点，还是按照某种特性选点；多长的周长边缘，选取多少个点，来参与距离计算；等等。实际上，目前对于这种边缘之间距离计算中，选点方式和选点数量没有一个很好的办法来实现，一般是采用专家经验办法，因此，用这种经验办法计算出的距离不可避免受到质疑。另外，基于边缘匹配的方法在实际操作中还有一个共同的问题：从与场景物体 AIR 相交的所有分割对象中找到一个分割对象的边缘，与其场景物体 AIR 边缘相对应，以此来计算边缘之间的距离，这样的一个分割对象有时是很难确定的。例如，一个场景物体 AIR 被均分成三个分割对象，像类似这种情况，很难挑出一个分割对象，计算它的边缘与其场景物体 AIR 的边缘之间的距离。即使在有些情况下，可以较容易地确定这样的一个分割对象，然而，在实际分割当中，分割对象的边缘与其场景物体 AIR 的边缘，在形状上往往不相似，这又会给边缘之间的距离计算带来不确定性。由于上述一些问题的存在，基于边缘匹配的方法在实际应用中受到一定限制。

影像分割的目的是自动提取影像上场景物体的区域范围，服务于影像后处理（Marçal 等，2009；Blanchard 等，2012）。分割结果的好坏取决于场景物体被提取的区域（Delineated Image Region，DIR）与场景物体 AIR 之间差异的大小。而对象命运分析法（Schöpfer 等，2006；Schöpfer 等，2008；Lang 等，2009；Albrecht 等，2010）则是将与场景物体 AIR 相交的所有分割对象按空间位置关系分成三类："Good" objects、"Expanding" objects 和"Invading" objects，如图 3-1 所示，用这三类分割对象各自的数量关系来表示分割质量，这种评价方法用不同类分割对象的数量关系来体现场景物体 DIR 与其 AIR 之间的差异，是一个很好的尝试。然而，它的不足之处是没有考虑不同类分割对象各自的面积大小，默认不同面积大小的分割对象在分割质量评价过程中的作用相同。显然，这并不合理。受对象命运分析法思路启发，本研究提出了一种新的评价影像分割质量的方法。与对象命运分析法不同，本研究的方法用面积和位置差异来表达场景物体 DIR 与其 AIR 之间的差异。与现有的基于面积匹配的方法相比，本研究的方法考虑了所有与场景物体 AIR 相交的分割对象，因此，其评价结果更客观。与现有的基于边缘匹配的方法相比，本研究的方法不需要计算边缘之间的距离，避免了距离计算过程中的不确定性，操作更容易。与现有大部分评价方法相比，本研究方法的评价过程和得到最优分割结果的过程更为自动化，不需要更多的人为干预。

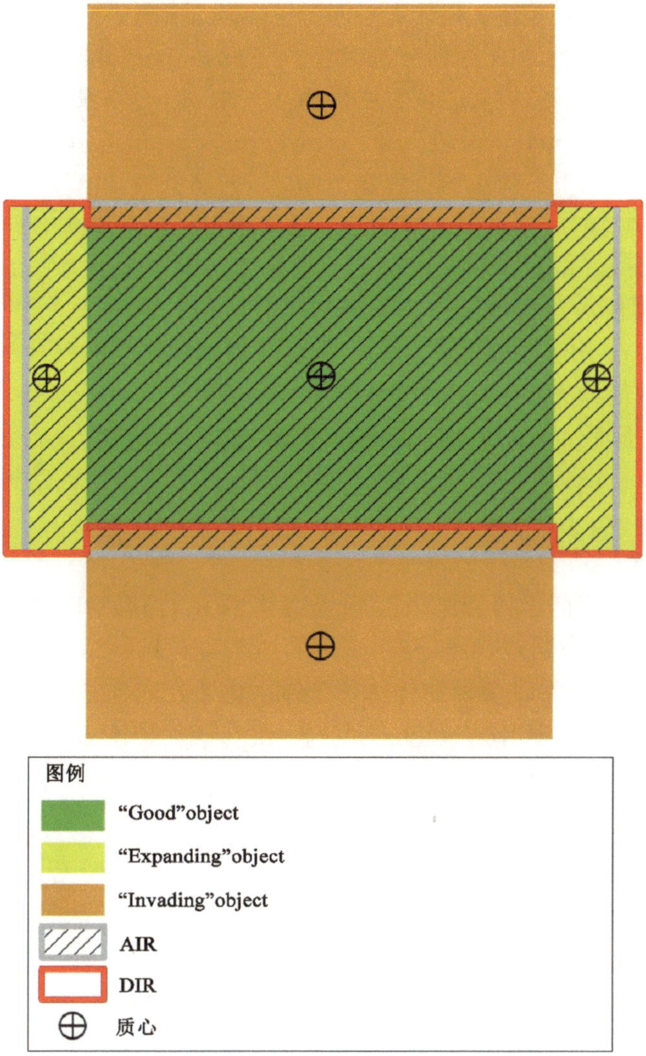

图 3-1　分割对象与其场景物体 AIR 之间的空间关系

（修改自 Lang 等，2009）

3.2 方法

3.2.1 基本原理

在本研究中,采用对象命运分析法中"Good"object、"Expanding"object 和"Invading"object 这三类分割对象来评价分割质量(图 3-1)。"Good"object 是指完全落在场景物体 AIR 内的分割对象。"Expanding"object 是指一部分区域落在场景物体 AIR 外,但质心落在场景物体 AIR 内,与场景物体 AIR 相交的面积大于其本身面积 50%的分割对象。"Invading"object 是指大部分区域落在场景物体 AIR 外,且质心落在场景物体 AIR 外,与场景物体 AIR 相交的面积小于其本身面积 50%的分割对象。对于分割结果来说,"Good"object 没有带来任何的偏差,而"Expanding"object 包含了一部分本不属于场景物体的区域,"Invading"object 则使场景物体丢失了本该属于其区域范围内的一部分区域。分割结果的好坏就在于"Expanding"object 包含区域面积大小和"Invading"object 丢失或侵入区域面积大小。因为"Good" objects 和"Expanding"objects 主体部分都包含在场景物体 AIR 内,所以,本研究可以认为"Good" objects 和"Expanding"objects 共同构成了场景物体 DIR(见图 3-1 中红边框多边形)。本研究从场景物体 DIR 与其 AIR 之间的面积差异和位置差异两个方面来评价分割结果的质量。

本研究提出了两个指标来表达场景物体 DIR 与其 AIR 之间的面积差异。这两个指标是:丢失误差(Omission Error,OE),即"Invading"objects 与场景物体 AIR 相交的面积除以场景物体 AIR 的面积[见公式(3-1)];包含误差(Commission Error,CE),即"Expanding"objects 落在场景物体 AIR 外的面积除以场景物体 AIR 的面积[见公式(3-2)]。

$$OE=\frac{\sum_{j=1}^{n}\{A_i(j)\cap A_r\}}{A_r}\times 100\% \tag{3-1}$$

$$CE=\frac{\sum_{k=1}^{m}\{A_e(k)-[A_e(k)\cap A_r]\}}{A_r}\times 100\% \tag{3-2}$$

式中,n 表示"Invading"objects 的数量;$A_i(j)$是第 j 个"Invading"object 的面积;A_r 是场景物体 AIR 的面积;m 表示"Expanding"objects 的数量;$A_e(k)$是第 k 个"Expanding"object 的面积。

OE 表示在分割中场景物体丢失的面积比例，CE 表示在分割中包含进场景物体范围内的面积比例。OE 和 CE 值越小，表明场景物体 DIR 与其 AIR 之间的面积差异越小，这样，对应的分割结果也就越好。当场景物体被很好地分割时，OE 和 CE 值接近于 0。

OE 和 CE 中任何一个发生改变，则对应的分割结果质量就不一样。如果将它们展绘在一个二维空间中，(OE，CE)可以看作是这二维空间中的一个点。(OE，CE)与坐标原点之间的距离就表征了分割结果的质量。为了用一个量来表示分割质量，在 OE 和 CE 这两个指标基础上，本研究提出用面积差异指标(Area Discrepancy Index，ADI)来表示场景物体 DIR 与其 AIR 之间的面积差异[公式(3-3)]。当场景物体被很好地分割时，ADI 值接近于 0。

$$ADI = \sqrt{OE^2 + CE^2} \tag{3-3}$$

分割结果的质量也可以用位置差异来表示(Molenaar，1998；Ragia 等，2000；Zhan 等，2005；Möller 等，2007；Ke 等，2010；Pu 等，2012)。如图 3-2 所示，图(a)对应的分割结果要优于图(b)对应的分割结果，因为图(a)中场景物体 DIR 比图(b)中场景物体 DIR 更靠近场景物体。本研究提出了位置差异指标(Position Discrepancy Index，PDI)来表示场景物体 DIR 与其 AIR 之间的位置差异[公式(3-4)]。

$$PDI = \frac{1}{N+M}\left\{ \sum_{k=1}^{N} \sqrt{[X(k) - X_{\mathrm{r}}]^2 + [Y(k) - Y_{\mathrm{r}}]^2} + \sum_{l=1}^{M} \sqrt{[X(l) - X_{\mathrm{r}}]^2 + [Y(l) - Y_{\mathrm{r}}]^2} \right\} \tag{3-4}$$

式中，N 表示"Good" objects 的数量；M 表示"Expanding"objects 的数量；$X(k)$ 和 $Y(k)$ 是第 k 个"Good" object 的质心坐标；$X(l)$ 和 $Y(l)$ 是第 l 个"Expanding" object 的质心坐标；X_{r} 和 Y_{r} 是场景物体 AIR 的质心坐标。

图 3-2　同一场景物体的不同分割结果

(红色边框多边形表示场景物体 DIR，斜线多边形表示场景物体 AIR，带十字丝圆圈表示场景物体 AIR 的质心位置)

由公式(3-4)可以看到,*PDI* 是距离的平均值。因为场景物体 DIR 实际上是由“Good” objects 和“Expanding”objects 构成的,如果计算的是场景物体 DIR 整体的质心与 AIR 质心之间的距离,可能反映不了分割对象与场景物体 AIR 之间的位置关系。因此,本研究分别计算各个“Good” object 的质心与场景物体 AIR 的质心之间的距离,以及各个“Expanding” object 的质心与场景物体 AIR 的质心之间的距离,对所有距离取平均值,作为 *PDI* 值。

对于每一个分割结果,其分割质量可以用 *ADI* 和 *PDI* 指标来进行度量。评价过程如图 3-3 所示。一些学者尝试性地将面积指标和位置指标合并起来,得到一个统一指标(Levine 等,1982;Möller 等,2007;Weidner,2008;Clinton 等,2010)。本研究认为,面积指标和位置指标从不同角度来表示分割结果的质量,而且,面积指标比位置指标更能反映分割结果的质量,如果把这两个指标用某种方法统一起来,意义不是很明确。因此,本研究还是建议用 *ADI* 和 *PDI* 分开来表示分割结果的质量。

3.2.2 单个场景物体分割结果评价

根据图 3-3 所示评价过程,对于影像上单个场景物体的分割结果评价,可以直接利用 *ADI* 和 *PDI* 来进行。根据 *ADI* 和 *PDI* 的值,来判断单个场景物体分割结果的好坏。

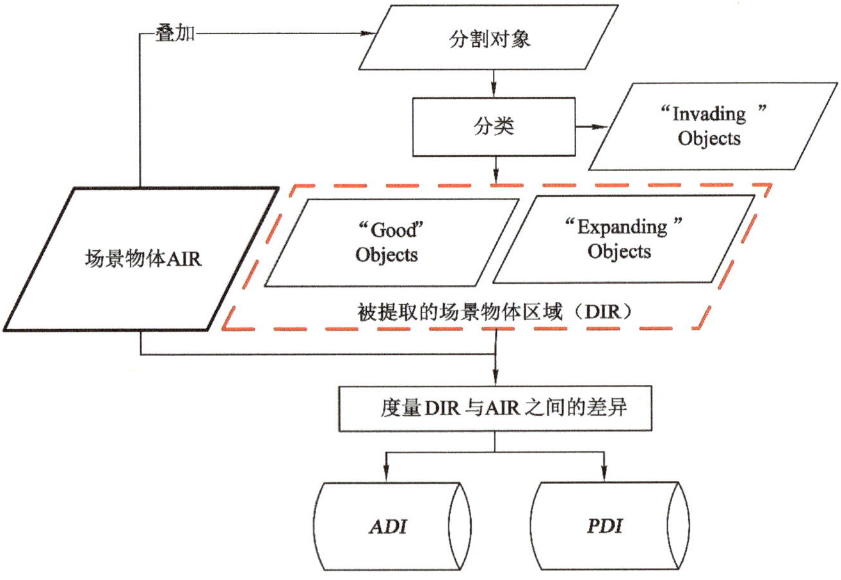

图 3-3 分割结果的质量评价过程

3.2.3　整个影像分割结果评价

因为影像上不同大小和不同类别的场景物体在每一次分割操作中，它们的分割情况都不太一样，所以不能直接将 *ADI* 和 *PDI* 指标拿来应用于整个影像分割结果的评价。为此，本研究提出了 OE_{overall}［公式(3-5)］和 CE_{overall}［公式(3-6)］指标来表示整个影像上场景物体 DIR 与其 AIR 之间总体的面积差异。

$$OE_{\text{overall}} = \frac{\sum_{i=1}^{n}[\text{OE}(i) * A_{\text{r}}(i)]}{\sum_{i=1}^{n} A_{\text{r}}(i)} \times 100\% \tag{3-5}$$

$$CE_{\text{overall}} = \frac{\sum_{i=1}^{n}[\text{CE}(i) * A_{\text{r}}(i)]}{\sum_{i=1}^{n} A_{\text{r}}(i)} \times 100\% \tag{3-6}$$

式中，n 表示在整个影像上所选取的场景物体个数；$OE(i)$是第 i 个场景物体的 OE 值；$A_{\text{r}}(i)$是第 i 个场景物体 AIR 的面积；$CE(i)$是第 i 个场景物体的 CE 值。

在 OE_{overall} 和 CE_{overall} 指标基础上，本研究提出了 ADI_{overall} 指标［公式(3-7)］来统一表示整个影像上场景物体 DIR 与其 AIR 之间总体的面积差异。

$$ADI_{\text{overall}} = \sqrt{OE_{\text{overall}}^{\ 2} + CE_{\text{overall}}^{\ 2}} \tag{3-7}$$

本研究也提出了用 PDI_{overall} 指标［公式(3-8)］来表示整个影像上场景物体 DIR 与其 AIR 之间总体的位置差异。

$$PDI_{\text{overall}} = \frac{1}{n}\sum_{i=1}^{n} PDI(i) \tag{3-8}$$

式中，n 表示在整个影像上所选取的场景物体个数；$PDI(i)$是第 i 个场景物体的 PDI 值。

整个影像分割结果的评价过程类似于图 3-3 所示的过程。

3.3　实验

3.3.1　操作步骤

图 3-4 所示是本实验评价影像分割结果并选取最优分割结果的步骤。影像可

以用不同分割算法和分割参数组合来进行分割，然后计算分割结果的 *ADI* 和 *PDI* 指标值。为了获取最优的分割结果，应该综合考虑 *ADI* 和 *PDI* 值。理想的最优分割结果是 *ADI* 和 *PDI* 同时最小，然而，这种情况很少见。因为面积指标比位置指标更能反映分割结果的质量，所以，本研究先根据 *ADI* 指标来选取 *ADI* 值比较小的分割结果作为比较好的分割结果，然后，再根据 *PDI* 指标值，从这些比较好的分割结果中挑选出 *PDI* 值比较小的分割结果作为最优分割结果。

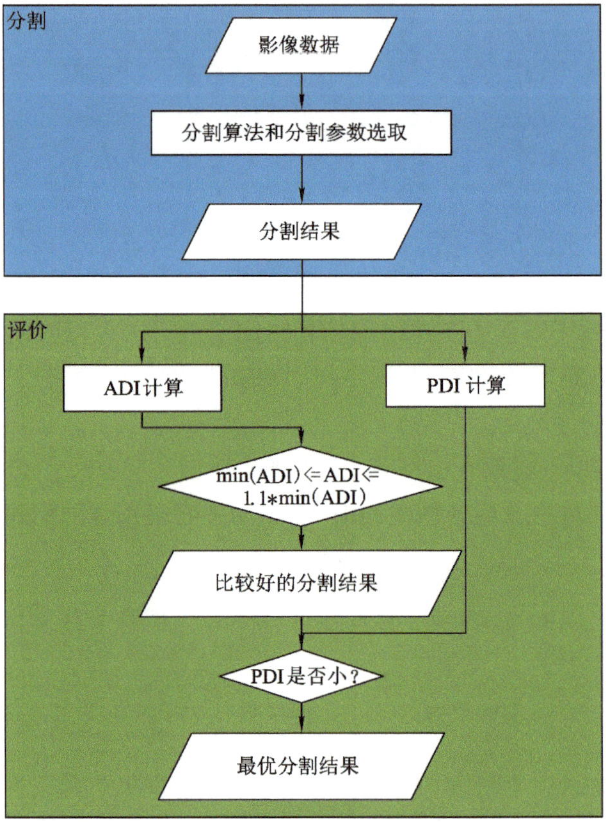

图 3-4　实验操作步骤

3.3.2　数据及分割

本研究实验所使用的遥感影像是美国佛罗里达州某地区一个三波段(RGB)航空影像(图 3-5)，空间分辨率是 0.32 m。主要的场景物体有建筑物、屋前空地、道路、草地、森林和水体等。

图 3-5　实验遥感影像

黄色边框多边形是建筑物实际影像区域，

多边形内的数字是其编号。红框所标定的子区影像是图 3-6 的参考影像。

本研究进行分割操作是借助于 Definiens 8.64（以前叫 eCognition）软件完成的。Definiens 8.64 利用区域合并算法进行多尺度分割（Benz 等，2004）。这种多尺度分割方法允许用户使用三个参数来控制分割结果。第一个参数是尺度（Scale）。尺度越大，产生的分割对象越大；尺度越小，产生的分割对象越小。另外两个参数是形状（Shape）和紧密度（Compactness）。与色彩（Color）相对，形状参数大小表示在分割时形状因素起多大作用。例如，Shape 为 0.1，则说明在分割时 Shape 因素占 0.1，而 Color 因素占 0.9。同样道理，在分割时，Compactness 与光滑度（Smoothness）因素相对。

不同的 Scale、Shape 和 Compactness 参数值组合，将产生不同的分割结果。对于一个给定的影像，有一个最优参数组合产生的分割结果最接近参考分割结果（Chen 等，2006）。然而，找到这样一个最优参数组合的过程是一个反复试验（trial-and-error）的过程（Hay 等，2003；Stein 等，2005；Möller 等，2007）。本实验中，列举了 175 种参数值组合，即 Scale、Shape 和 Compactness 三个参数值分别为{60，70，80，90，100，110，120} × {0.1，0.3，0.5，0.7，0.9} × {0.1，0.3，0.5，0.7，0.9}。通过分层随机抽样的方式，选取了 31 个建筑物作为研究对象（图 3-5），其参考范围是通过人工数字化得到的。

3.3.3 实验结果

3.3.3.1 单个场景物体评价结果

Shape 和 Compactness 都是 0.1。黄色边框多边形表示建筑物实际影像区域,黑色边框多边形表示分割对象。影像对应的范围见图 3-5。本研究选取建筑物 16 作为例子来进行说明,7 个不同尺度下的分割结果如图 3-6 所示。对于建筑物 16 的每一次分割结果,*OE*、*CE*、*ADI* 和 *PDI* 指标值都可以很容易计算得到。表 3-1 列出了 175 次分割结果的四个指标值。

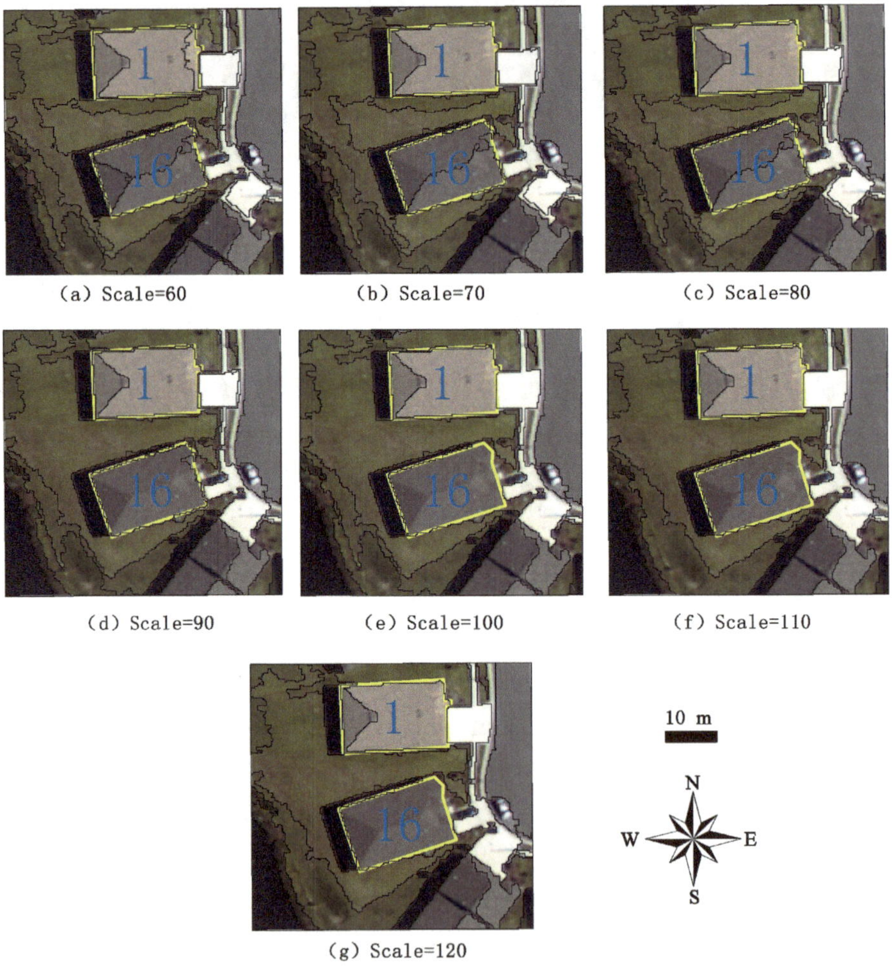

(a) Scale=60 (b) Scale=70 (c) Scale=80

(d) Scale=90 (e) Scale=100 (f) Scale=110

(g) Scale=120

图 3-6 分割结果展示

表 3-1　建筑物 16 的 175 次分割结果的评价结果

分割参数组合			OE/%	CE/%	ADI/%	PDI/m
shape	compactness	scale				
0.1	0.1	60	4.02	2.43	4.70	5.54
0.1	0.1	70	4.02	2.43	4.70	3.66
0.1	0.1	80	4.02	2.43	4.70	3.66
0.1	0.1	90	4.02	2.43	4.70	0.34
0.1	0.1	100	1.04	29.68	29.70	2.69
0.1	0.1	110	1.04	29.68	29.70	2.69
0.1	0.1	120	1.04	29.68	29.70	2.69
0.1	0.3	60	3.14	3.30	5.86	5.55
0.1	0.3	70	3.14	5.35	6.20	0.49
0.1	0.3	80	3.14	5.35	6.20	0.49
0.1	0.3	90	3.14	5.35	6.20	0.49
0.1	0.3	100	3.14	5.35	6.20	0.49
0.1	0.3	110	3.14	5.35	6.20	0.49
0.1	0.3	120	3.14	5.35	6.20	0.49
…	…	…	…	…	…	…
0.9	0.9	60	23.60	2.91	23.78	1.46
0.9	0.9	70	100.00 [a]	0.00	100.00	NaN [b]
0.9	0.9	80	100.00 [a]	0.00	100.00	NaN [b]
0.9	0.9	90	100.00 [a]	0.00	100.00	NaN [b]
0.9	0.9	100	100.00 [a]	0.00	100.00	NaN [b]
0.9	0.9	110	100.00 [a]	0.00	100.00	NaN [b]
0.9	0.9	120	100.00 [a]	0.00	100.00	NaN [b]

注：a. *OE* 100% 表示场景物体被完全分割到邻近分割对象当中。

b. *PDI* NaN 表示 *PDI* 值不能计算，因为在此种情况下，场景物体的影像区域不能被提取。

在表 3-1 中，*ADI* 值为 4.7%（带红色下划线的数字）是最小值，其对应的四个分割结果被选取出来作为比较好的分割结果。而这四个分割结果的 *PDI* 值不尽相同，最小 *PDI* 值是 0.34（带蓝色下划线的数字）。根据第 2 节判定规则，*ADI* 值为 4.7%和 *PDI* 值为 0.34 对应的分割结果被认为是建筑物 16 的最优分割结果。

本研究也可以用图 3-7 评价结果展示来确定最优分割结果。Scale≤90 的分割结果 *ADI* 值小于 Scale>90 分割结果 *ADI* 值，这表明 Scale≤90 的分割结果要好于 Scale>90 分割结果[见图 3-6(a)～(g)]，而 Scale≤90 的分割结果中，Scale 为 90 对应的 *PDI* 值最低。因此，根据图 3-7 所示，可以很容易地确定最优分割结果。

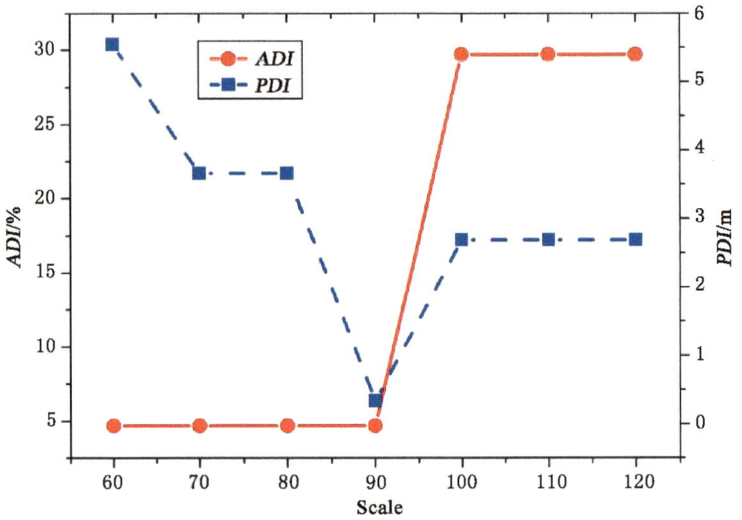

图 3-7　建筑物 16 的 7 个分割结果的评价结果展示

3.3.3.2　整个影像评价结果

理论上，为了评价整个影像的分割结果，应该提取影像区域内每一个场景物体的参考区域，使每一个场景物体都参与评价，但这在实际应用中不现实。本实验影像中涉及的地物类型有好几种，为了简化讨论，本研究只选取 31 个建筑物(见图 3-5)来说明如何从全局角度来评价分割结果。这 31 个建筑物是通过分层随机采样方式得到的。

本研究用 ADI_{overall} 和 PDI_{overall} 两个指标来评价 31 个建筑物每一次分割结果的质量，如表 3-2 所示。由表 3-2 可以看出：Shape 0.3、Compactness 0.7 和 Scale 60 对应的分割结果 ADI_{overall} 为 5.77%(带红色下划线的数字)是最小值，而且，其 PDI_{overall} 为 3.81(带蓝色下划线的数字)也是最小的。因此，Shape 0.3、Compactness 0.7 和 Scale 60 对于建筑物来说是最优的参数组合，其对应的分割结果是最优的分割结果。

表 3-2　选取的 31 个建筑物 175 次分割结果的质量评价

分割参数组合			$OE_{overall}$/%	$CE_{overall}$/%	$ADI_{overall}$/%	$PDI_{overall}$/m
shape	compactness	scale				
0.1	0.1	60	6.34	5.25	8.22	5.06
0.1	0.1	70	7.75	4.99	9.22	4.83
0.1	0.1	80	8.09	5.47	9.77	4.73
0.1	0.1	90	8.99	6.83	11.30	4.71
0.1	0.1	100	9.02	8.27	12.23	5.08
0.1	0.1	110	10.25	8.84	13.54	4.77
0.1	0.1	120	11.46	8.68	14.37	4.71
0.1	0.3	60	5.22	4.55	6.93	5.48
0.1	0.3	70	6.01	4.45	7.48	4.89
…	…	…	…	…	…	…
0.3	0.7	60	4.11	4.05	5.77	3.81
0.3	0.7	70	4.75	4.28	6.39	4.06
0.3	0.7	80	5.43	4.26	6.90	4.17
…	…	…	…	…	…	…
0.9	0.9	60	22.41	12.71	25.76	5.25
0.9	0.9	70	24.02	16.75	29.28	5.41
0.9	0.9	80	31.88	14.78	35.14	5.68
0.9	0.9	90	36.01	15.14	39.07	6.88
0.9	0.9	100	40.85	12.74	42.80	7.65
0.9	0.9	110	45.56	10.32	46.71	8.23
0.9	0.9	120	48.05	9.00	48.89	9.33

3.4　讨论

对于建筑物 16，很难从图 3-6(a)、(b)和(c)所示的分割结果中挑选一个分割对象与建筑物 16 的实际影像区域相对应，从而计算两者之间的距离。对于建筑物 16，虽然很容易从图 3-6(d)、(e)、(f)和(g)所示的分割结果中确定一个分割对象与建筑物 16 的实际影像区域相对应，但在计算两者之间距离时，如何选点，选多少个点，是不确定的，这往往需要人为干预来完成。因此，基于边缘匹配的评价方法在这种情况下使用受到限制。

如果本研究将最大面积分割对象的面积与实际影像区域的面积进行对比，来评价图 3-6(a)、(b)和(c)所示的分割结果，结论是其分割质量非常糟糕。实际上，图 3-6(a)、(b)和(c)所示的分割结果与图 3-6(d)所示的分割结果，面积差异都是一样的。之所以图 3-6(d)所示的分割结果更好，是因为它的位置差异更小。因此，Lucieer 等(2002)所提出的这种基于面积匹配的评价方法，并不能客观地评价这种分割结果。如果本研究采用 Möller 等(2007)提出的基于面积匹配的方法来评价建筑物 16 图 3-6(a)、(b)和(c)所示的分割结果，评价工作将很难开展，因为对于这三种分割结果，很难确定一个分割对象与建筑物 16 的实际影像区域相对应。

本研究的评价方法考虑了所有与建筑物 16 的实际影像区域相交的分割对象，不需要挑选分割对象与建筑物 16 的实际影像区域相对应，也不需要计算分割对象的边缘与建筑物 16 的实际影像区域的边缘之间的距离，一方面，评价结果更客观，另一方面，操作更简洁，人为干预少。

根据表 3-1 所列的评价结果，本研究知道参数组合(Shape 0.1，Compactness 0.1，Scale 90)对于建筑物 16 来说是最优参数组合，然而，这个最优参数组合不一定适用于其他建筑物或其他地物。因为不同的地物有不同的尺寸、不同的形状和不同的光谱特征，因而它们在分割中所具有的最优分割参数组合可能会有差异。应用本研究的评价方法，可以充分地反映这一点。

根据实验结果，本研究也知道建筑物整体的最优参数组合(Shape 0.3，Compactness 0.7，Scale 60)与建筑物 16 的最优参数组合(Shape 0.1，Compactness 0.1，Scale 90)是不一致的，这种现象是可以理解的。因为单个物体的最优分割结果，考虑的仅仅是单个物体本身的光谱、形状和尺寸等因素，而整个类别的最优分割结果，则要综合考虑所有个体的光谱、形状和尺寸等因素。如果类别中所有个体的光谱、形状和尺寸等因素都相似，则这两个最优参数组合应该比较一致。应用本研究的方法，很好地反映了这种现象。

图 3-8 所示是建筑物的全局最优分割结果。从图中可以看出，一些建筑物并没有达到最优分割状态，甚至某些建筑物被分割成多个对象，但这并不表明本研究的评价方法是不可靠的。全局最优分割结果，并不意味着每一个地物都能达到最优分割，实际应用中，也很难出现这种每个地物都能达到最优分割的情况。全局最优，表明的是全局分割的差异最小，并不强调每个地物的分割差异也达到最小。要提取影像中所有建筑物，就可以采用这种全局最优分割结果，这样可以保证提取出来的建筑物整体上比较接近实际情况。当然，如果强调的是提取影像上某单个地物，就应该采用单个地物的最优分割结果。由图 3-8 也可以

看出，水体、道路、草地等类别在建筑物全局最优分割情况下，并没有被分割得比较好，这主要是由类别之间光谱、异质性等因素所造成的。如果想得到其他类别的全局最优分割结果，可以按照评价建筑物相同的步骤来进行。

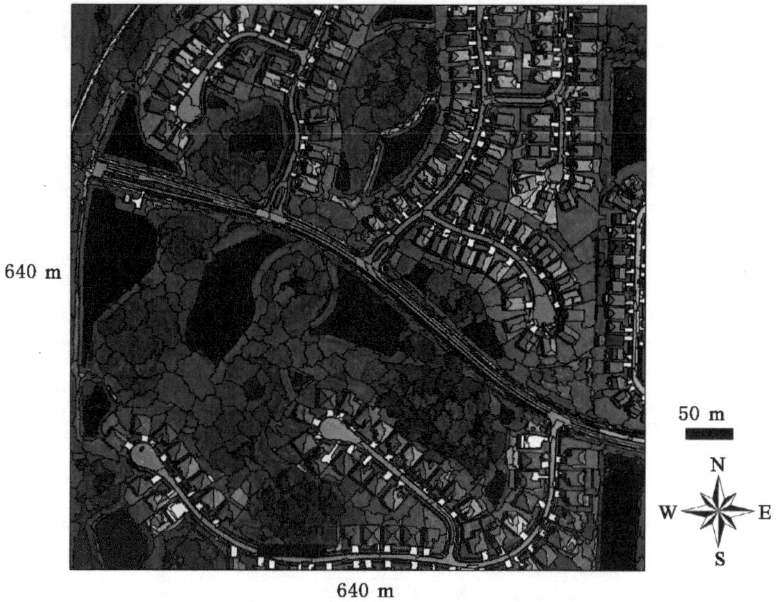

图 3-8　建筑物的全局最优分割结果

3.5　本章小结

本章在总结现有的影像分割质量评价方法优缺点基础上，从面积差异和位置差异角度提出了一种新的影像分割质量评价方法。经过实验论证，证明了它评价分割结果比现有方法更客观，而且更易操作，整个评价过程基本上不需要人为干预。土地利用变更调查与变化监测业务中，基本的研究对象是地类图斑。将地类图斑作为参考对象，可以应用本章的分割质量评价方法，来评价地类图斑提取的精度。本章所提出的评价指标是本研究后续章节进行研究的基础。

第4章 高空间分辨率遥感影像分类精度评价方法

4.1 引言

面向对象影像分析(Object-based image analysis,OBIA)已经成为高空间分辨率遥感影像信息提取的主流方法(Blaschke 等,2014;Ma 等,2016;Georganos 等,2018;Costa 等,2018;Cheng 等,2014;Blaschke,2010).OBIA 由两个基本操作构成:影像分割,即使用合适的分割算法得到一系列分割对象(segments);分类,即使用合适的分类方法和策略确定分割对象的类别。目前,在 OBIA 领域,主要研究集中在:

(1) 设计和构建合适的分割算法(Wang 等,2010;Fu 等,2018;Yang 等,2017;Julien 等,2015;Gaetano 等,2015)和分类方法(Yu 等,2006;Zhou 等,2018;Johnson 等,2013)。

(2) 应用有效的分割质量评价方法确定影像最优分割结果(Clinton 等,2010;Cheng 等,2014;Johnson 等,2011;Johnson 等,2015;Yang 等,2015;Wang 等,2018)。

(3) 如何提高影像分类精度(Zhang 等,2018;Costa 等,2017)。

在 OBIA 领域,影像分类精度评价方法一直处于一种被争论状态,更好的解决办法没有被找到(Ye 等,2018)。

在大多数情况下,人们仍然采用像元为基本评价单元去建立相应的误差矩阵,对 OBIA 中影像分类精度进行评价(Congalton 等,2008;Bhaskaran 等,2010;Stehman 等,2011;Ye 等,2018)。如图 4-1 所示,若被选取的参与分类精度评价的像元样本全部落在 R1_1 内,则参考对象 R1 的分类精度是 100%;反之,若全部落在 R1_2 内,则 R1 的分类精度是 0。显然,这两种情况与实际不符。类似地,对于分割对象 S1 来说,不管被选取的参与分类精度评价的像元样本落在哪个子对象(S1 被参考对象 R1～R4 相交成四个子对象)中,S1 的分类精度都与实际情况不吻合。因此，传统的方法很容易高估或低估分类精度。实际上，多边形（即分割对象和参考对象）已经成为 OBIA 方法操作中的基本单元。采用多边形作为基本评价单元进行影像分类精度评价更具有实际意义（Ye 等，2018；Congalton 等，2008）。

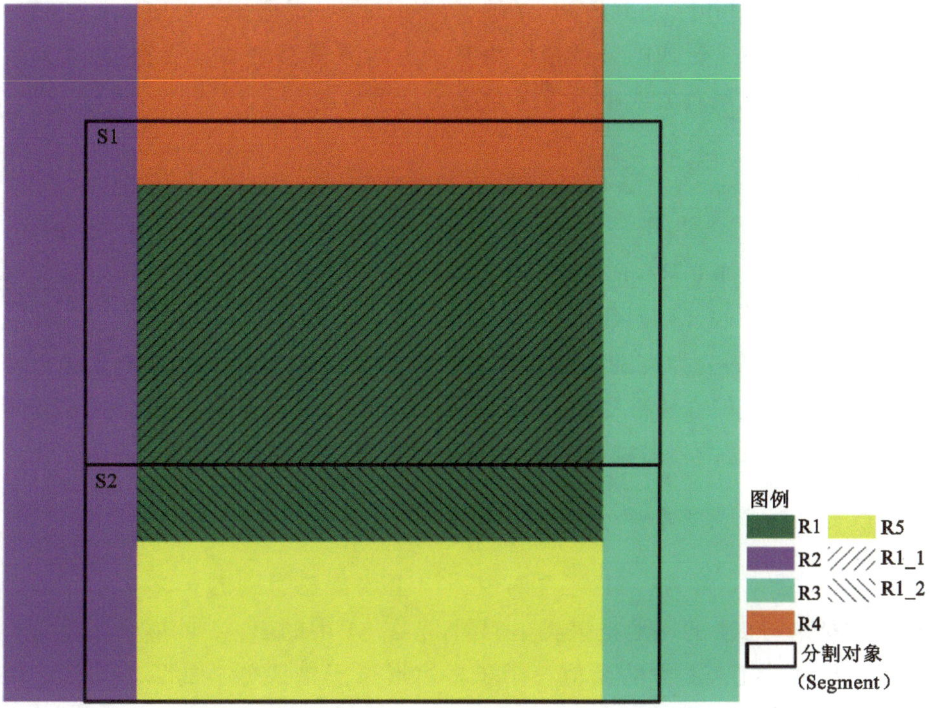

图 4-1　参考对象与分割对象之间空间关系示意图

越来越多的研究者开始注意到将多边形作为操作单元的重要性（Ye 等，2018）。一些研究者在评价样本选取过程中用多边形作为基本单元进行操作，然而，在后期的分类精度评价过程中通过将分类图转换成栅格图方式并采用像元作为评价基本单元（Ke 等，2010；Stehman 等，2011；D'Oleire-Oltmanns 等，2014）。这类方法实际上属于基于像元的方法。Ye 等（2018）建议采用多边形作为分类精度评价单元。然而，这类做法似乎一直处于不可行状态。原因在于，已有的方法要求分割对象与参考对象之间具有一对一对应关系，这往往是不可能的。一个分割对象内部通常会包含一类以上参考对象部分。目前常规做法是用分割对象内部占最大比例的参考对象类别来给分割对象赋予真实类别（Stumpf 等，2011）。这类方法的不足也是显而易见的，即忽略了分割对象内部其他类别参考对象部分的影响(Ye 等,2018)。

本研究提出了一种新颖的评价高空间分辨率遥感影像分类精度的方法。该方法分别采用分割对象和参考对象作为评价单元,且考虑了这两种对象内部所有的相交类别。与现有方法相比,该方法能更客观和真实地反映影像分类精度。构建的 BI(Believability Index)和 LI(Loyalty Index)指标相当稳定。这些指标不仅能用来表达整个影像的分类精度或某一土地覆盖类别的分类精度,而且可以用来表达单个分割对象或单个参考对象的分类精度。

4.2 方法

如图 4-1 所示,R1,R2,R3,R4,R5 代表不同土地覆盖类别的参考对象。黑框矩形 S1 和 S2 代表分割对象。R1 被 S1 和 S2 分开成 R1_1 和 R1_2。R1 的土地覆盖类别与 S1 的分类类别相同,与 S2 的分类类别不同。一种基于多边形的评价影像分类精度的方法被提出,该方法分别采用分割对象和参考对象作为评价单元,且考虑了这两种对象内部所有的相交类别。方法详情如下。

4.2.1 以分割对象为基本评价单元的情形

以分割对象 S1 为例。S1 包含四个不同土地覆盖类别的子多边形。因为 S1 的分类类别与 R1 的土地覆盖类别相同,落在 S1 中的 R1_1 就属于正确分类的子多边形,而落在 S1 中的其他三个子多边形属于错误分类的子多边形。将 R1_1 与 S1 面积相除,其值大小反映的是分割对象 S1 分类结果的可信度,即 S1 分类结果中有多大比例是可信的。基于这个考虑,BI 指标被提出用以表达影像分类精度:

$$BI=\frac{\sum_{i=1}^{n}\sum_{j=0}^{m}A_{ij}}{\sum_{i=1}^{n}A_{i}} \tag{4-1}$$

式中,BI 表示整个分类结果的可信度,$BI\in[0,1]$;A_{ij} 表示在第 i 个分割对象内部第 j 个被正确分类的子多边形面积;A_i 表示第 i 个分割对象的面积。

BI 值越大,表示影像分类精度越高。

在实际应用中,不同分类类别的分割对象 BI 值可用下式计算:

$$BI^{(c)}=\frac{\sum_{i=1}^{n}\sum_{j=0}^{m}A_{ij}^{(c)}}{\sum_{i=1}^{n}A_{i}^{(c)}} \tag{4-2}$$

式中，上标(c)表示分割对象的分类类别，如植被、不透水表面和水体；其他参数含义同公式(4-1)。

4.2.2　以参考对象为基本评价单元的情形

以参考对象 R1 为例。R1 中的 R1_1 属于正确分类的子多边形，而 R1_2 则属于错误分类的子多边形。将 R1_1 与 R1 面积相除，其值大小反映的是参考对象 R1 分类结果的忠诚度，即 R1 分类结果中有多大比例是忠诚于其真实的土地覆盖类别。基于这个考虑，LI 指标被提出用以表达影像分类精度：

$$LI=\frac{\sum_{k=1}^{t}\sum_{l=0}^{s}A_{kl}}{\sum_{k=1}^{t}A_{k}} \tag{4-3}$$

式中，LI 表示整个分类结果的忠诚度，$LI\in[0,1]$；A_{kl} 表示在第 k 个参考对象内部第 l 个被正确分类的子多边形面积；A_k 表示第 k 个参考对象的面积。

LI 值越大，表示影像分类精度越高。

在实际应用中，不同土地覆盖类别的参考对象 LI 值可用下式计算：

$$LI^{(c)}=\frac{\sum_{k=1}^{t}\sum_{l=0}^{s}A_{kl}^{(c)}}{\sum_{k=1}^{t}A_{k}^{(c)}} \tag{4-4}$$

式中，上标(c)表示参考对象的土地覆盖类别，如植被、不透水表面和水体；其他参数含义同公式(4-3)。

4.3　实验

4.3.1　操作步骤

整个实验流程如图 4-2 所示。应用分割方法对高空间分辨率遥感影像进行分割，得到相应的影像分割结果。应用分类方法对影像分割结果进行分类，得到影像分类结果。通过目视解译，得到作为参考的不同土地覆盖类别的参考对象。影像分类精度评价分两种情形：

(1) 基于分割对象的精度评价。应用分层随机抽样方法从分类结果中抽取作为评价样本的分割对象。将被抽取的分割对象与参考对象进行叠加分析，计算相应的 BI 值。

(2) 基于参考对象的精度评价。应用分层随机抽样方法抽取作为评价样本的参考对象。将被抽取的参考对象与影像分类结果进行叠加分析，计算相应的 *LI* 值。

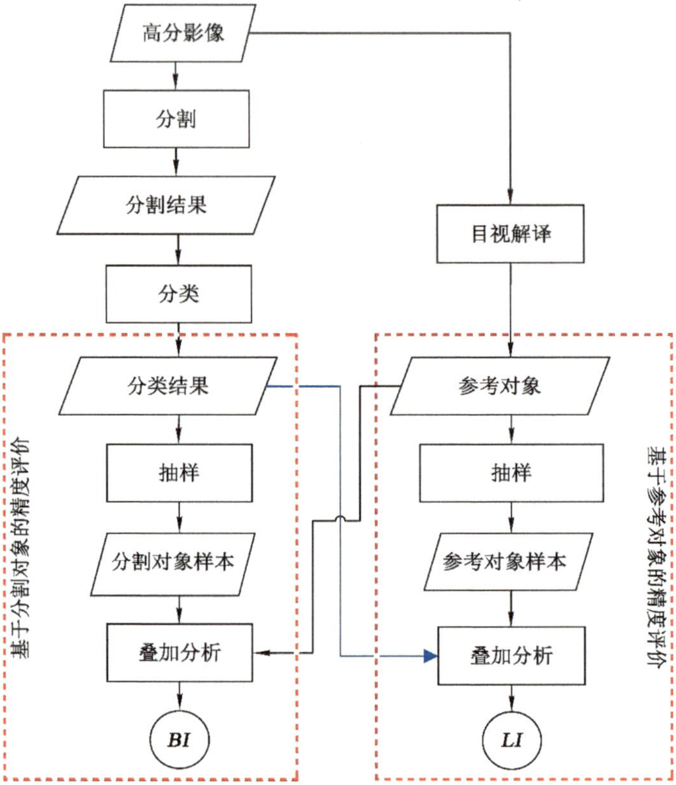

图 4-2　实验流程图

4.3.2　数据

实验采用的数据如图 3-5 所示。为了简化，将建筑物、屋前空地和道路等三类合并成一类——不透水表面，将草地和森林两类合并成一类——植被。对于本影像，建筑物阴影光谱类似于水体光谱，因此，本研究没有区分这两种类别，而是使用水体类别去统一表示。

4.3.3　分割和分类

影像分割操作同样是借助于 Definiens 8.64 软件完成的，并采用第 3 章所述方法得到影像最优分割结果。应用随机森林分类方法(Pal,2005)对影像最优分割结果进行分类,得到影像分类结果。

4.3.4　评价样本的提取

抽样方案和样本量对于评价样本提取是重要的。有许多抽样方案,如简单随机抽样、系统随机抽样、非概率抽样和分层随机抽样。分层随机抽样可以确保数量偏少的类别能够被抽取到足够多的样本(Congalton 等,2008),该抽样方案是应用非常普遍的一种方案(Ye 等 2018)。因此,本研究采用分层随机抽样方案进行评价样本提取。根据 Congalton 等(2008)的研究,样本量大小的一般规则是,每个类别需要选取至少 50 个样本。这个标准在本研究中被采用。

本研究采用分层随机抽样方案从植被、不透水表面和水体中各自随机抽取 25%、35%和 45%的多边形作为评价样本,且同一比例抽样操作进行 5 次,这样每一类别有 15 次抽样结果。应该指出:由于同一类别多边形的面积往往存在差异,所以对于同一比例抽样操作的 5 次抽样结果,其各自的样本面积比(即样本面积除以总面积)可能会不同。这可以从图 4-3～图 4-5 和图 4-6～图 4-9 中看到。

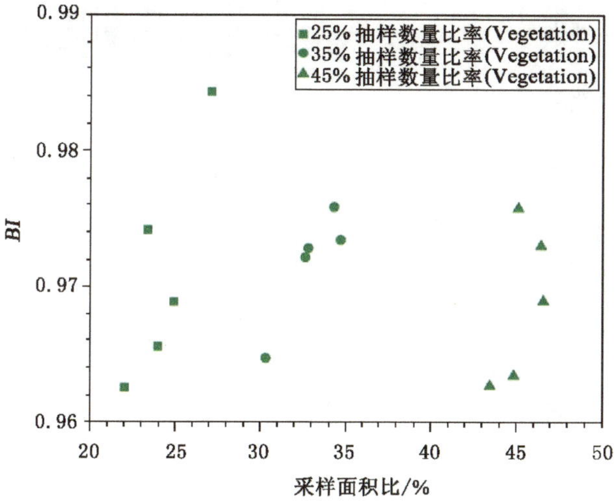

图 4-3　植被类别的 $BI^{(\text{Vegetation})}$ 值

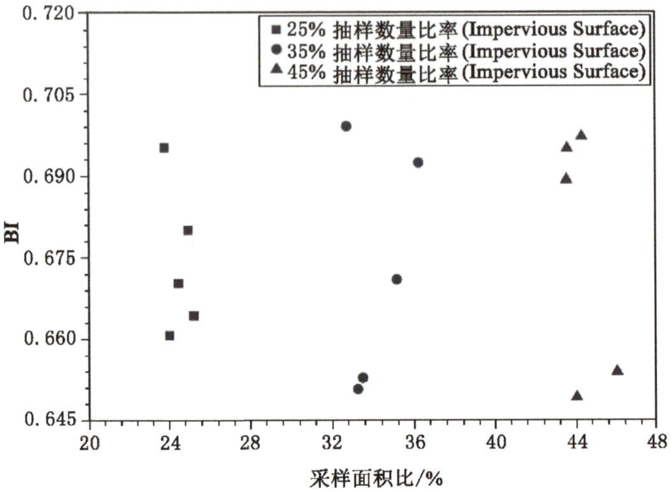

图 4-4　不透水表面类别的 $BI^{(\text{Impervious Surface})}$ 值

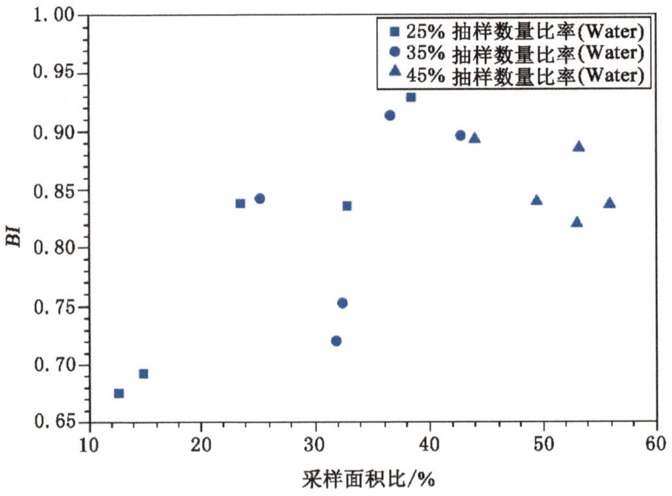

图 4-5　水体类别的 $BI^{(\text{Water})}$ 值

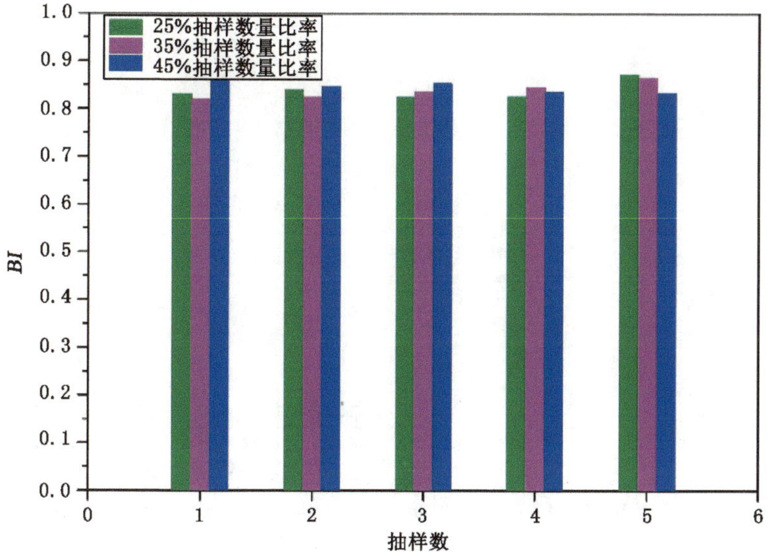

图 4-6　所有分类类别分割对象的 BI 值

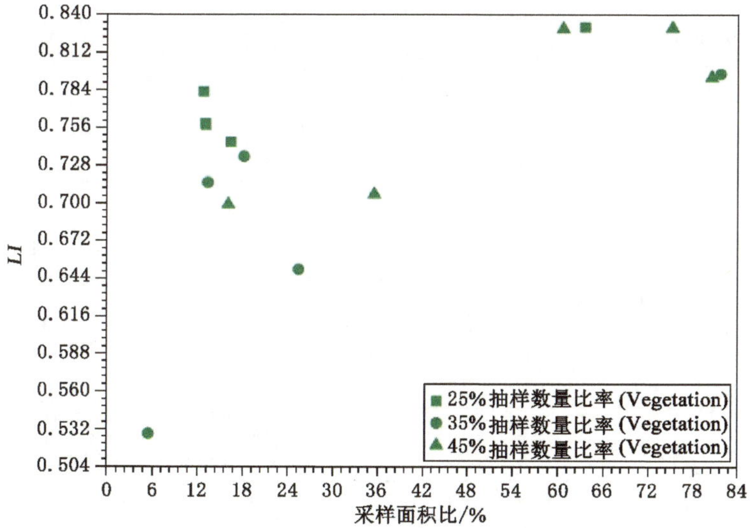

图 4-7　植被类别的 $LI^{(\text{Vegetation})}$ 值

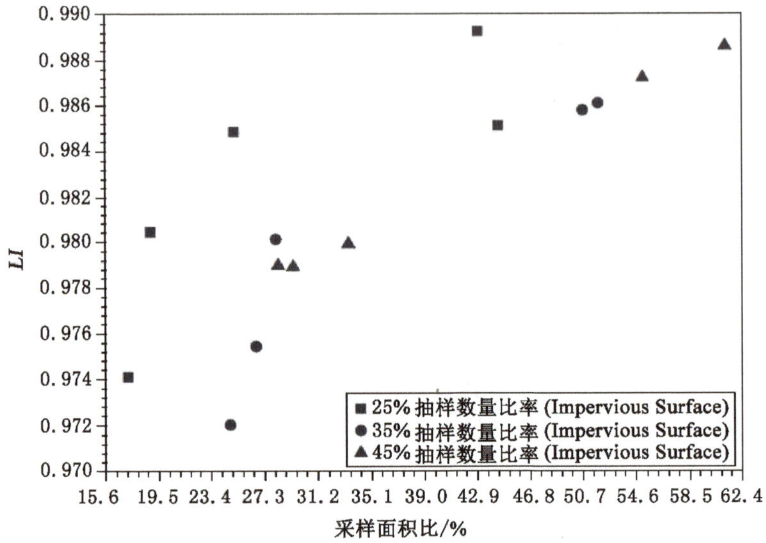

图 4-8　不透水表面类别的 $LI^{(\text{Impervious Surface})}$ 值

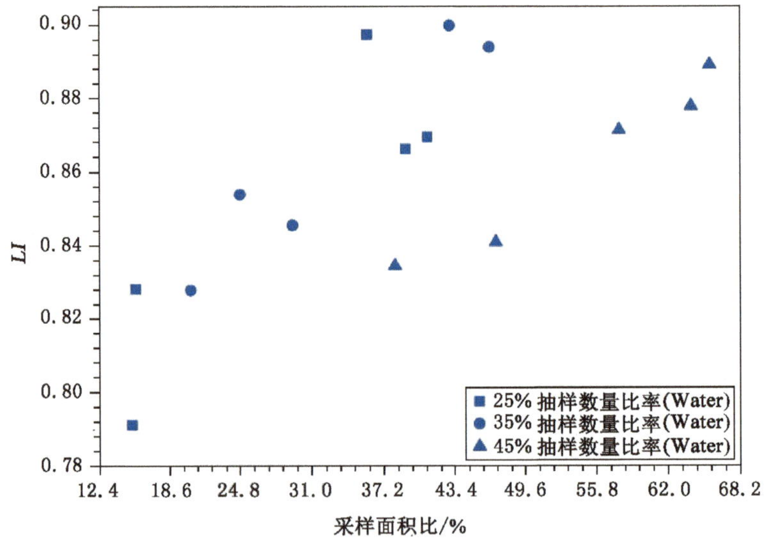

图 4-9　水体类别的 $LI^{(\text{Water})}$ 值

4.4 结果

4.4.1 基于分割对象的分类精度评价

$BI^{(Vegetation)}$、$BI^{(Impervious\ Surface)}$和 $BI^{(Water)}$分别如图 4-3～图 4-5 所示。水平轴代表各类别多边形的样本面积与总面积的比例。表 4-1 是非抽样条件下影像分类精度情况。因为所有分割对象都参与了分类精度评价，所以表 4-1 中 $BI^{(c)}$ 值代表不同分类类别分割对象的真实分类精度，BI 值代表所有分类类别分割对象的真实分类精度。为了后面讨论方便，表 4-1 中 $BI^{(c)}$ 和 BI 分别用 $BI_{(T)}{}^{(c)}$ 和 $BI_{(T)}$表示。如表 4-1 所示，$BI_{(T)}{}^{(Vegetation)}$、$BI_{(T)}{}^{(Impervious\ Surface)}$和 $BI_{(T)}{}^{(Water)}$分别是 0.970、0.676 和 0.831，$BI_{(T)}$是 0.841。

表 4-1　非抽样条件下影像分类精度

		参考对象（单位：m²）			$BI^{(c)}$	BI
		植被	不透水表面	水体		
分割对象	植被	192 911.26	1 123.702 985	4 927.243	0.970	—
	不透水表面	46 506.3047	102 918.832 2	2 847.152	0.676	—
	水体	9 320.081 14	615.948 975 5	48 799.65	0.831	—
	$LI^{(c)}$	0.776	0.983	0.863	—	—
	LI	—	—	—	—	0.841

注：上标(c)可取“植被(Vegetation)”“不透水表面(Impervious Surface)”“水体(Water)”三类之一。

图 4-6 是 15 次抽样结果中所有分类类别分割对象的 BI 值。由图示结果发现，其 BI 值非常接近 0.841。

如图 4-3 所示，15 次抽样结果的 $BI^{(Vegetation)}$值在 0.970 上下浮动。图 4-4 中，15 次抽样结果的 $BI^{(Impervious\ Surface)}$值比较接近 $BI_{(T)}{}^{(Impervious\ Surface)}$ 0.676。虽然图 4-5 中 15 次抽样结果的 $BI^{(Water)}$ 值分布比较散，最大值为 0.93，最小值为 0.67，但仍然有一部分 $BI^{(Water)}$值接近 0.831。

本研究也应用基于分割对象样本的误差矩阵方法评价影像分类精度。在该方法中，分割对象取代像元作为评价基本单元。如果分割对象的分类类别与其参考类别相同，则该分割对象就被认为是正确分类的；反之亦然。由于一个分割对象经常包含多于一种参考类别，在实际操作中通常将占比最大的类别作为该分割对象的参考类别。评价的详情如表 4-2～表 4-4 所示。

表 4-2 在 25%抽样数量比例条件下基于分割对象的误差矩阵

			参考类别(单位:m²)				¹N
			植被	不透水表面	水体	用户精度	
第 1 次抽样	分类类别	植被	46 283.406	50.689	1 351.260	0.971	0.916
		不透水表面	11 984.678	25 856.748	577.071	0.673	0.652
		水体	2 931.200	80.487	16 290.932	0.844	0.746
		生产者精度	0.756	0.995	0.894		
第 2 次抽样	分类类别	植被	42 198.749	183.621	1 406.194	0.964	0.893
		不透水表面	10 363.428	25 451.648	431.482	0.702	0.665
		水体	1 926.495	115.815	11 770.665	0.852	0.789
		生产者精度	0.774	0.988	0.865		
第 3 次抽样	分类类别	植被	48 217.550 9	174.388	1 175.839	0.973	0.926
		不透水表面	11 836.175	24 472.024	246.295	0.669	0.663
		水体	2 339.519	66.252	6 343.561	0.725	0.718
		生产者精度	0.773	0.990	0.817		
第 4 次抽样	分类类别	植被	45 695.406	27.135	739.435	0.983	0.935
		不透水表面	11 139.175	25 316.278	748.507	0.680	0.642
		水体	2 047.897	33.280	5 353.592	0.720	0.789
		生产者精度	0.776	0.998	0.779		
第 5 次抽样	分类类别	植被	53 393.626	0.00	527.296	0.990	0.958
		不透水表面	11 086.280	26 197.919	671.783	0.690	0.667
		水体	1 134.796	88.884	21 395.667	0.946	0.845
		生产者精度	0.814	0.997	0.947		

注:¹N 表示正确分类的分割对象数量除以总的分割对象数量。

表 4-3 在 35%抽样数量比例条件下基于分割对象的误差矩阵

			参考类别(单位:m²)				¹N
			植被	不透水表面	水体	用户精度	
第 1 次抽样	分类类别	植被	63 424.038	55.005	1 487.253	0.976	0.920
		不透水表面	16 753.730	36 181.262	626.162	0.676	0.655
		水体	4 823.327	134.964	13 773.327	0.735	0.680
		生产者精度	0.746	0.995	0.867		

表 4-3(续)

			参考类别(单位:m²)				¹N
			植被	不透水表面	水体	用户精度	
第 2 次抽样	分类类别	植被	58 668.403	94.105	1 604.483	0.972	0.917
		不透水表面	16 852.630	33 701.513	512.827	0.660	0.638
		水体	1 902.696	33.280	12 892.883	0.869	0.800
		生产者精度	0.758	0.996	0.859		
第 3 次抽样	分类类别	植被	67 222.021	48.333	1 000.793	0.985	0.950
		不透水表面	16 350.450	38 228.864	680.387	0.692	0.646
		水体	4 435.174	67.993	14 551.016	0.764	0.730
		生产者精度	0.764	0.997	0.896		
第 4 次抽样	分类类别	植被	64 011.223	48.146	1 243.444	0.980	0.950
		不透水表面	16 314.759	33 377.978	958.965	0.659	0.641
		水体	1 267.802	155.136	20 101.008	0.934	0.840
		生产者精度	0.785	0.994	0.901		
第 5 次抽样	分类类别	植被	67 518.720	33.996	1 504.974	0.978	0.930
		不透水表面	14 245.984	34 924.203	733.798	0.700	0.664
		水体	2 110.772	81.510	22 958.524	0.913	0.810
		生产者精度	0.805	0.997	0.911		

注:¹N 表示正确分类的分割对象数量除以总的分割对象数量。

表 4-4　在 45%抽样数量比例条件下基于分割对象的误差矩阵

			参考类别(单位:m²)				¹N
			植被	不透水表面	水体	用户精度	
第 1 次抽样	分类类别	植被	90 786.158	274.432	1 962.086	0.976	0.928
		不透水表面	19 185.342	46 223.189	879.316	0.697	0.656
		水体	2 896.679	189.748	28 181.350	0.901	0.760
		生产者精度	0.804	0.990	0.908		
第 2 次抽样	分类类别	植被	86 271.586	94.105	2 836.503	0.967	0.910
		不透水表面	18 799.015	46 983.081	601.072	0.708	0.668
		水体	4 163.628	56.013	24 837.606	0.855	0.767
		生产者精度	0.790	0.997	0.878		

表 4-4(续)

			参考类别(单位:m^2)				[1]N
			植被	不透水表面	水体	用户精度	
第 3 次抽样	分类类别	植被	90 264.074	43.229	2 115.107	0.977	0.928
		不透水表面	19 330.152	47 554.962	566.958	0.705	0.680
		水体	4 853.888	172.442	27 832.851	0.847	0.775
		生产者精度	0.789	0.995	0.912		
第 4 次抽样	分类类别	植被	83 854.040	271.889	2 336.546	0.970	0.920
		不透水表面	22 245.450	44 043.888	739.215	0.657	0.646
		水体	2 030.376	89.190	23 742.634	0.918	0.806
		生产者精度	0.775	0.992	0.885		
第 5 次抽样	分类类别	植被	88 193.317	43.229	1 475.409	0.983	0.938
		不透水表面	22 750.536	46 420.539	928.616	0.662	0.632
		水体	5 154.330	53.350	25 944.886	0.833	0.744
		生产者精度	0.760	0.998	0.915		

注:[1]N 表示正确分类的分割对象数量除以总的分割对象数量。

由于表 4-1 是非抽样条件下即所有分割对象都参与分类精度评价,所以表 4-1 中 $BI^{(c)}$ 值等同于不同分类类别分割对象的真实用户精度。明显地,表 4-2～表 4-4 中用户精度通常比其真实用户精度高,而 N 值通常比其真实用户精度低。因此,基于分割对象样本的误差矩阵方法通常会高估或低估影像分类精度。虽然水体类别分割对象的用户精度在真实值 0.831 上下浮动,但容易造成高估或低估的特性依然没有被改变。

4.4.2 基于参考对象的分类精度评价

$LI^{(\text{Vegetation})}$、$LI^{(\text{Impervious Surface})}$ 和 $LI^{(\text{Water})}$ 分别如图 4-7～图 4-9 所示。因为所有参考对象都参与分类精度评价,表 4-1 中 $LI^{(c)}$ 值代表不同土地覆盖类别参考对象的真实分类精度,LI 值代表所有土地覆盖类别参考对象的真实分类精度。为了后面讨论方便,表 4-1 中 $LI^{(c)}$ 和 LI 分别用 $LI_{(\text{T})}{}^{(c)}$ 和 $LI_{(\text{T})}$ 表示。如表 4-1 所示,$LI_{(\text{T})}{}^{(\text{Vegetation})}$、$LI_{(\text{T})}{}^{(\text{Impervious Surface})}$ 和 $LI_{(\text{T})}{}^{(\text{Water})}$ 分别是 0.776、0.983 和0.863,$LI_{(\text{T})}$ 是 0.841。

图 4-7 中,15 次抽样结果的 $LI^{(\text{Vegetation})}$ 值是分散的,大致分布在[0.504,0.840]内。但不管怎样,仍然有大量 $LI^{(\text{Vegetation})}$ 值在 0.776 左右浮动。图 4-8 中,15 次抽样结果的 $LI^{(\text{Impervious Surface})}$ 值非常接近 0.983。与 $LI^{(\text{Vegetation})}$ 值分布一样,

图 4-9中有更多的 $LI^{(\mathrm{Water})}$ 值接近于 0.863。

图 4-10 是 15 次抽样结果中所有土地覆盖类别参考对象的 LI 值。由图示可知，其 LI 值非常接近 0.841。

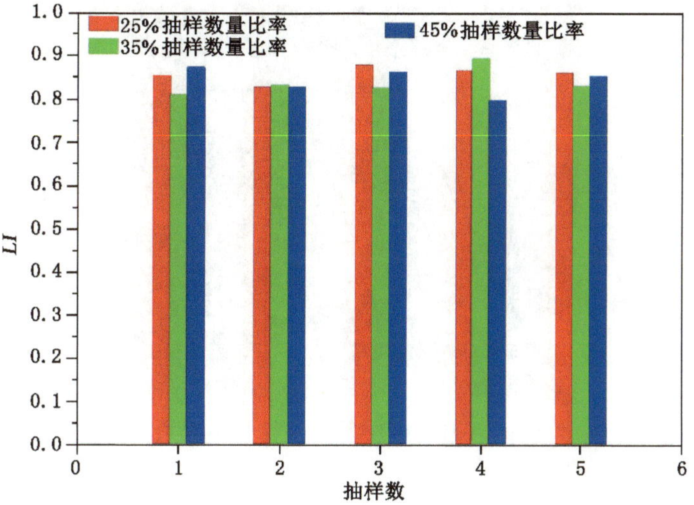

图 4-10　所有土地覆盖类别参考对象的 LI 值

4.5　讨论

在 OBIA 领域中，目前主要有两种评价影像分类精度的方法：一种是基于像元样本的误差矩阵；另一种是基于分割对象样本的误差矩阵。对于这两种方法的操作，读者可参见 eCognition Developer 软件的相应模块。

上述提及的两种方法均有明显的局限性。如图 4-11 所示，第 1643 号分割对象的分类类别是植被，第 1758 和 1761 号分割对象的分类类别都是不透水表面，黄色边框多边形是建筑物参考对象，属于不透水表面类别对象。以第 1761 号分割对象为例。对于基于分割对象样本的误差矩阵方法，该分割对象的参考类别只能是一种。然而，该分割对象明显是由两种类别的参考对象部分构成的。这势必会造成对该对象分类精度评价的不客观，其结果会高估或低估影像分类精度。这个推测在 4.4.1 节中得以证明。对于基于像元样本的误差矩阵方法，像元是分类精度评价的基本单元。仍以第 1761 号分割对象为例。若所有被选取的像元样本全部落在该分割对象不透水表面子区域内，则该分割对象的分类精度为 100%，即该对象被认为是完全分类正确的；相反地，若所有被选取的像元样本全部落在该分割对象植被子区域内，则该分割对象的分类精度为 0，即该对象被认为是完全分类错误的。很显然，这两种情形都与实际情况不符。本研究中提出的 BI 指标因为考虑到分割对象内部所有类别对象，因此，可以克服上述两种方法的不足。

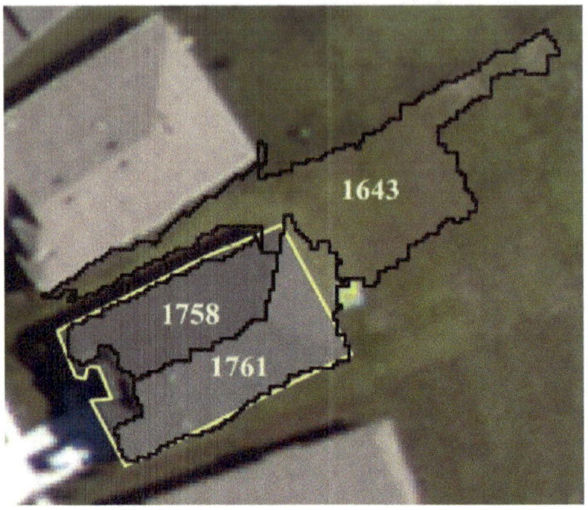

图 4-11　分割对象与参考对象间空间关系

从参考对象角度考虑，基于像元样本的误差矩阵方法也存在不足。以图 4-11中参考对象为例。如果所有被选取的像元样本全部落在该参考对象不透水表面子区域内，则该参考对象的分类精度为 100%，即该对象被认为是完全分类正确的；相反地，如果所有被选取的像元样本全部落在该参考对象植被子区域内，则该参考对象的分类精度为 0，即该对象被认为是完全分类错误的。事实上，该参考对象内部大部分是属于不透水表面类别，有一小部分是属于植被类别。故其分类精度既不是 100%也不应该是 0。因此，为了更客观地评价参考对象的分类精度，需要考虑对象内部所有类别情况，而这恰恰是 LI 指标构建的初衷。

前面提到，图 4-5 中 $BI^{(\mathrm{Water})}$ 值分布、图 4-7 中 $LI^{(\mathrm{Vegetation})}$ 值分布和图 4-9 中 $LI^{(\mathrm{Water})}$ 值分布相对比较分散。将三幅图中最小的 BI 值或 LI 值对应的抽样结果展示如图 4-12～图 4-14 所示。图 4-12 中，局部放大窗口中呈现的是一个水体类别分割对象。该分割对象的分类类别是水体，而其参考类别则是植被。类似的分割对象在图中大量存在。这些分割对象使得 $BI^{(\mathrm{Water})}$ 值偏小。同样的情形在图 4-13 和图 4-14 中存在。

为进一步解释，将图 4-5 中 $BI^{(\mathrm{Water})}$ 值、图 4-7 中 $LI^{(\mathrm{Vegetation})}$ 值和图 4-9 中 $LI^{(\mathrm{Water})}$ 值以盒式图显示，如图 4-15 所示。虽然 $BI^{(\mathrm{Water})}$、$LI^{(\mathrm{Vegetation})}$ 和 $LI^{(\mathrm{Water})}$ 分布相对散，甚至在 $LI^{(\mathrm{Vegetation})}$ 中有异常值，但各自的中位数分别非常靠近其真实值 $BI_{(\mathrm{T})}^{(\mathrm{Water})}$、$LI_{(\mathrm{T})}^{(\mathrm{Vegetation})}$ 和 $LI_{(\mathrm{T})}^{(\mathrm{Water})}$。这样，在实际评价工作中，可以使用中位数来代表各类别对象抽样结果的 BI 值或 LI 值，避免由抽样操作带来的

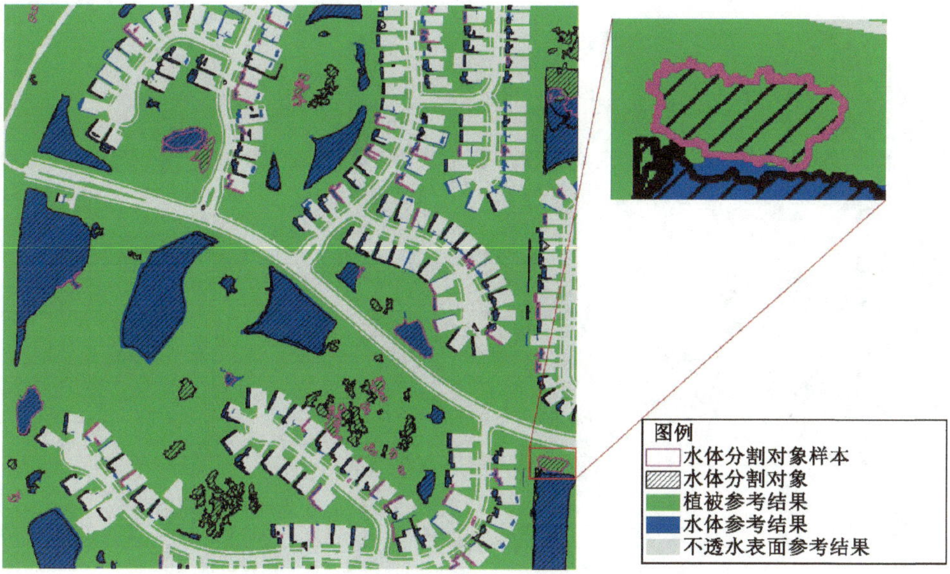

图 4-12　图 4-5 中最小 $BI^{(\mathrm{Water})}$ 值对应的抽样结果

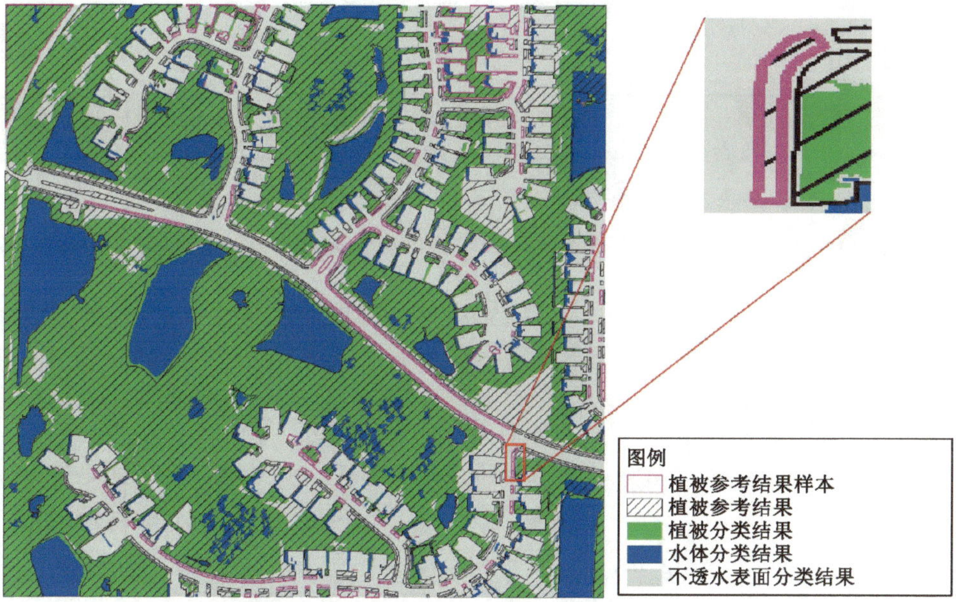

图 4-13　图 4-7 中最小 $LI^{(\mathrm{Vegetation})}$ 值对应的抽样结果

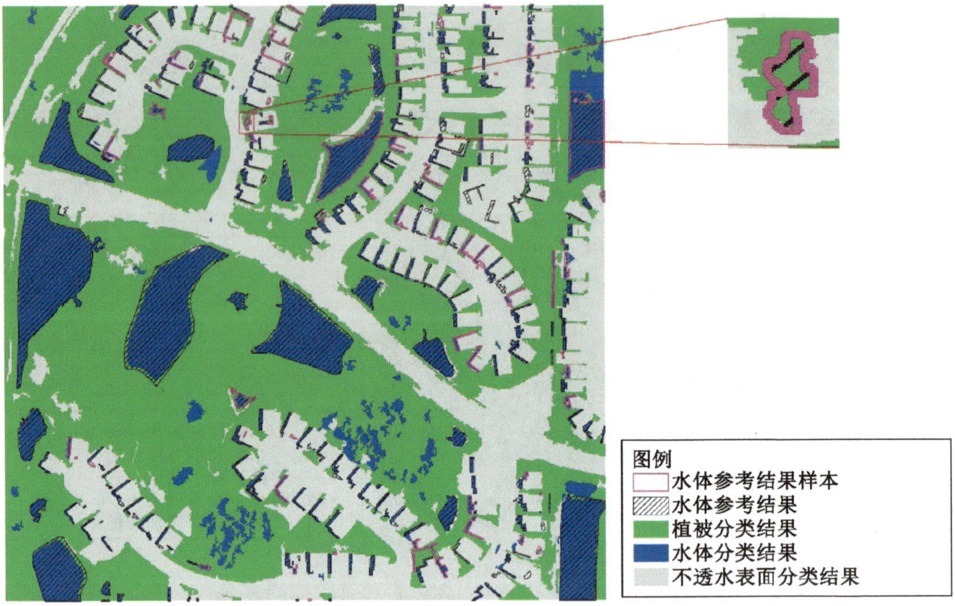

图 4-14　图 4-9 中最小 $LI^{(Water)}$ 值对应的抽样结果

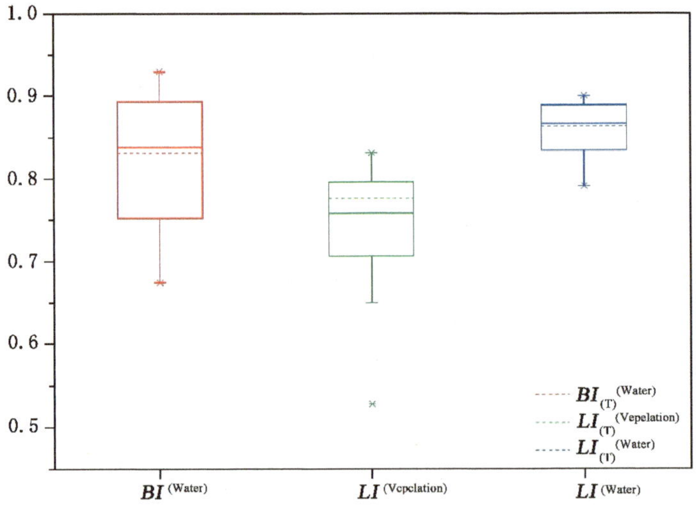

图 4-15　不同类别对象抽样结果的 BI 值和 LI 值盒式图

不确定性而使得评价结果更加可靠。因此，类似图 4-12～图 4-14 展示的抽样结果不会对最终的分类精度评价结果造成影响。

BI 和 *LI* 指标不仅能用来表达整个影像或某一类别的分类精度，而且可以用来表达单个分割对象或单个参考对象的分类精度。图 4-16 是不透水表面分割对象的 *BI* 值分级图，图 4-17 是不透水表面参考对象的 *LI* 值分级图。图中高值对应的是高分类精度，低值对应的是低分类精度。若要提高影像分类精度，可以通过再分割或再分类低值对象的方法来加以实现。

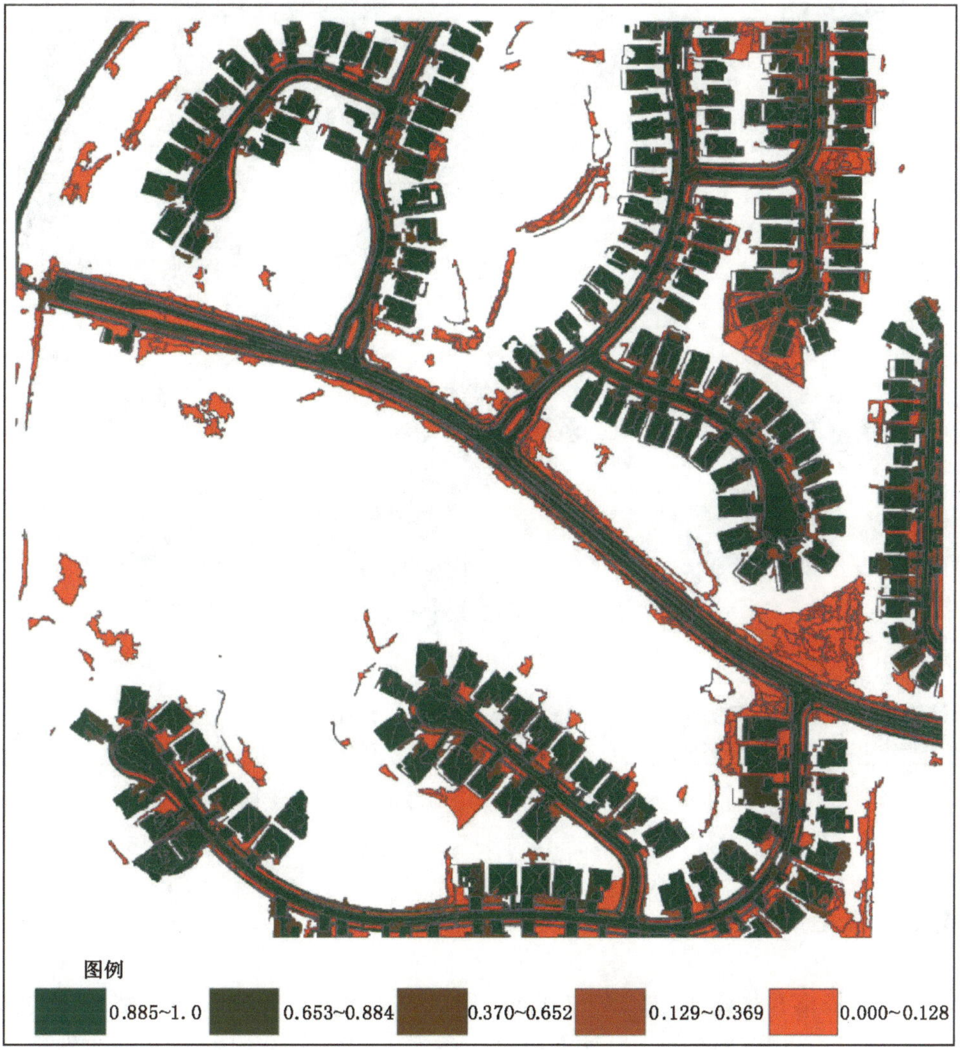

图 4-16　不透水表面分割对象的 *BI* 值分级图

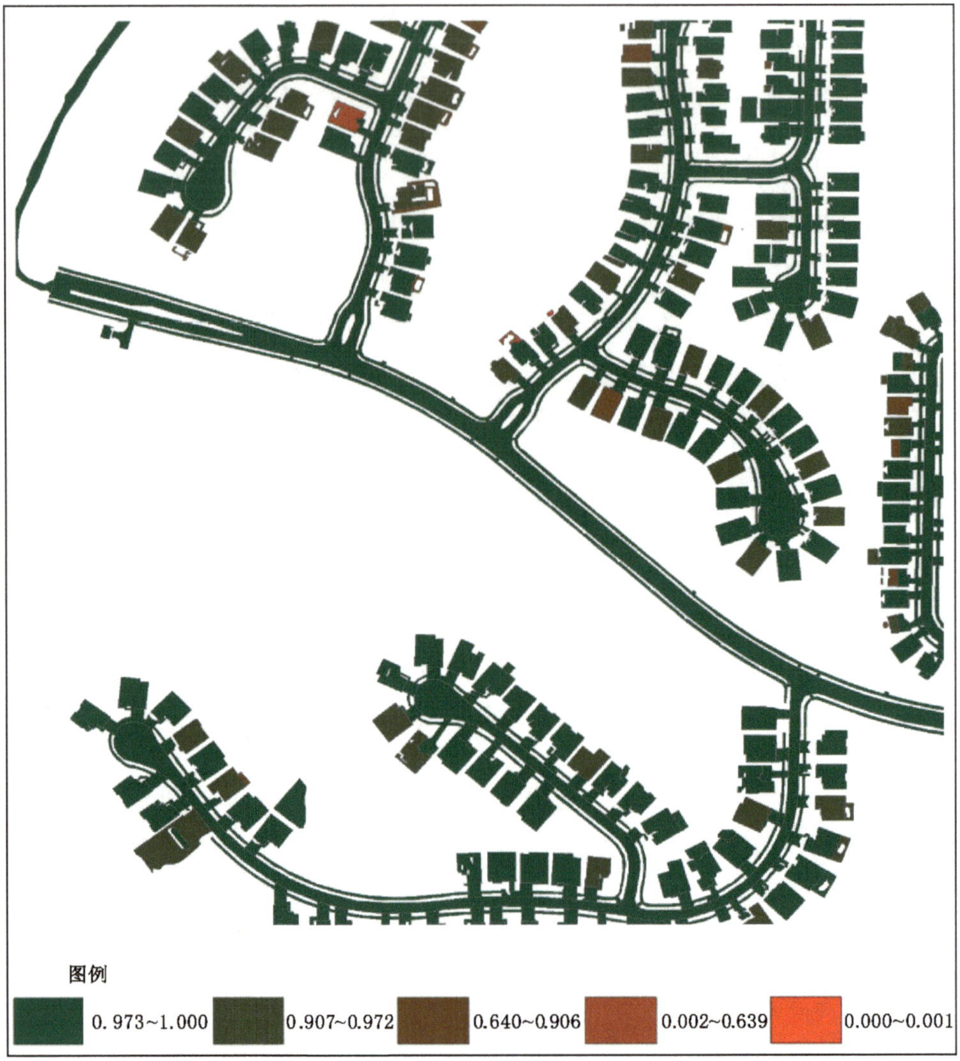

图 4-17　不透水表面参考对象的 *LI* 值分级图

4.6　本章小结

本章提出并构建了 *BI* 和 *LI* 指标，用以表达遥感影像或某一类别的分类精度，也可以用以表达单个分割对象或单个参考对象的分类精度。方法的创新之处在于全面考虑了分割对象和参考对象内部所有类别子对象。实验结果表明：

与现有的基于像元样本的误差矩阵和基于分割对象样本的误差矩阵相比，该方法表达影像分类精度更客观和更准确，构建的 BI 和 LI 指标更加稳定。虽然本研究是在 OBIA 构架下讨论的，但任何以对象或多边形为基本单元的分类结果都可以应用 BI 和 LI 指标进行分类精度评价。本方法是对目前遥感影像分类精度评价方法的一个有力补充。

第5章 *MTF* 对高空间分辨率遥感影像土地利用图斑提取的影响研究

5.1 引言

理想情况下，像元的光谱信号仅仅来自像元对应区域；然而，实际遥感影像中每一个像元的光谱信号有一部分来自它周边的区域(Townshend，1981)。造成这种结果的因素有很多，例如：遥感器的光学特性、探测器和电子成像系统性能、大气影响、影像重采样以及影像运动干扰(Schowengerdt，2007)。所有这些因素的影响都可以表述成调制传递函数(*MTF*)。对于数据提供者来说，*MTF* 是用来评价遥感成像系统性能的一个非常重要的参数(Delvit 等，2004)。在遥感器运行期间，通过在轨测定，验证系统的 *MTF* 值是否与期望的 *MTF* 值吻合(Kohm，2004)。但是，对于数据用户来说，他们更关心的是数据的应用能力。因此，建立 *MTF* 与影像数据的应用能力之间的关联，十分必要。

Grunblatt (1987)用 Landsat-2 RBV 影像作数据源，发现在减少 *MTF* 影响的情况下，影像的地类分类精度有很大程度的提高。Townshend 等(1992) 和 Huang 等(2002) 对理想的 MODIS 影像用预设的 *MTF* 模型进行卷积，发现卷积后的影像，其分类精度要低于理想影像的分类精度。这些研究成果证明了 *MTF* 对影像数据的应用能力是有直接影响的。

与中低空间分辨率遥感影像相比，高空间分辨率遥感影像包含有更详细的空间信息和更多的地物边界信息(Patra 等，2002)。当成像系统的 *MTF* 值发生改变时，必然会弱化数据的这部分信息(Schott，2007；Ryan 等，2003)，进而影响数据的应用能力。

本章的研究目的是探讨 *MTF* 对高空间分辨率遥感影像土地利用图斑提取的影响，找出二者之间的变化规律，为高空间分辨率遥感影像土地利用变更调查与变化监测业务提供参照依据。

5.2　土地利用图斑类型

2007 年 8 月 10 日,《土地利用现状分类》GB/T 21010—2007 颁布,并在第二次全国土地调查中实行,目前在用的国家标准是 GB/T 21010—2017。《土地利用现状分类》国家标准采用一级、二级两个层次的分类体系,共分 12 个一级类、73 个二级类。其中一级类包括:耕地、园地、林地、草地、商服用地、工矿仓储用地、住宅用地、公共管理与公共服务用地、特殊用地、交通运输用地、水域及水利设施用地、其他土地。一级类又可归纳为建设用地、农用地和未利用地三个大类。

从高空间分辨率遥感影像上,很难区分出二级类的土地利用图斑,甚至连一级类的土地利用图斑也不好区分开。根据土地利用变更调查与变化监测工作要求,并结合《土地利用现状分类》GB/T21010—2017 国家标准,本研究在现有一、二级分类体系基础上归并总结出五种类别图斑作为研究对象:"建设用地""耕地""非耕农用地""未利用地"和"水体",即在"建设用地""农用地"和"未利用地"三大类基础上,将"农用地"分为耕地和非耕地,并把"水体"从三大类中分离出来。这样做的目的是:一方面与土地监测地类类别保持一致;另一方面方便从影像中提取出这些类别的图斑。

5.3　数据

因为用真实遥感影像很难得到一系列变化的 *MTF* 值,真实遥感影像上地物的真实边界很难准确地得到,而且真实遥感影像上其他因素的影响很难避免,因此,本实验采用模拟影像来进行研究。与真实遥感影像相比,模拟影像具有可控的空间和光谱特征,可以模拟任意地类组合的下垫面情况。Marçal 等(2009)提出了一种新颖的模拟影像的方法,即:先构建一个空间格局的基础影像,然后采集参考影像上不同地类的光谱信息,加入基础影像中,构建一幅近似于参考影像光谱特征的模拟影像。这种模拟影像方法的好处是:可以模拟不同类别不同大小的地面斑块,而且每一类别的斑块周围是不同类别的图斑,每一地类图斑的真实边界是确定的。本研究采用此方法来模拟实验所需要的影像数据。

5.3.1　基础影像构建

按照 Marçal 等(2009)提出的方法,基础影像的构建由四个参数决定:地类类别数(t)、最小斑块大小(u)、斑块大小的级数(s)和斑块重复次数(r),每一个参数的具体含义请参考 Marçal 等(2009)。本实验选定的地类类别数 $t=5$,最小斑块大小 $u=10$,斑块大小的级数 $s=3$,斑块重复次数 $r=9$。构建的基础影像如图 5-1 所示,影像大小为 540×540。图中五种颜色用来代表五种不同图斑地类:“建设用地”“耕地”“非耕农用地”“未利用地”和“水体”,每一种地类图斑周围都是不同地类图斑,且同一种地类图斑大小不尽相同,比较符合真实地面场景。为了简化讨论,每一种地类图斑的形状都设置为矩形。

图 5-1 实验构建的基础影像($t=5,u=10,s=3,r=9$)

5.3.2 模拟影像生成

为了生成模拟影像,需要选取一个参考影像,提取参考影像上各地类的光谱信息。本实验中选取了 2008 年 10 月北京通州地区 IKONOS 多光谱影像作为参考影像[图 5-2(a)],此影像包括四个波段,即蓝、绿、红以及近红外,空间分辨率是 4 m。在 IKONOS 影像上对“建设用地”“耕地”“非耕农用地”“未利用地”和“水体”五种地类进行采样[图 5-2(b)],提取每一地类的光谱信息。根据提取的每一地类的光谱信息分布,将其光谱信息随机地分配到基础影像上对应类别的像元中,生成一个与参考影像相同波段数的模拟影像(图 5-3)。

（a） IKONOS参考影像（RGB真彩色合成）

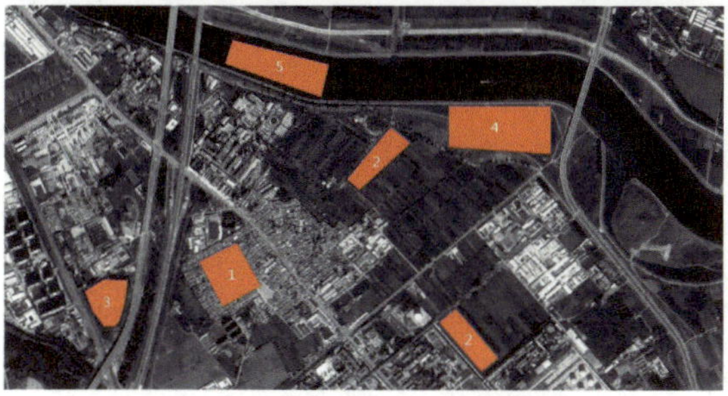

（b） 不同地类采样样本区域展示

“1”是建设用地；“2”是耕地；“3”是非耕农用地；“4”未利用地；“5”是水体。

图 5-2　北京通州地区 IKONOS 多光谱影像

图 5-3　用建设用地、耕地、非耕农用地、未利用地和水体等五种地类图斑构建的模拟影像

5.4 实验过程

5.4.1 不同 *MTF* 值影像的生成

根据第 2 章公式(2-3)可知,真实遥感影像所对应的 *MTF* 值是由遥感器、大气、遥感器与场景运动以及后处理等环节共同决定的。遥感器与场景运动所引起的 *MTF* 退化,可以用公式(5-1)所给模型来表示(Delvit 等,2004)。

$$MTF_{运动} = \mathrm{sinc}(\pi u)\mathrm{sinc}^2(\pi v) \tag{5-1}$$

式中,u,v 是归一化的频率。

在本研究实验中,不考虑遥感器与场景之间的均匀线性运动所产生的 *MTF* 对影像的影响,只考虑遥感器以及大气等外部环境所引起的 *MTF* 对影像的影响。实际遥感器和大气的 *MTF* 模型可能有很多形式,如高斯低通滤波模型公式(5-2)、基于大气湍流的退化模型公式(5-3)、n 阶巴特沃兹低通滤波模型公式(5-4)等。Huang 等(2002)、Delvit 等(2004)和 Kavzoglu(2004)指出,遥感器的 *MTF* 退化模型一般都是类似于高斯低通滤波模型。Russ(2007)也指出,统计中心极限定理表明,无论有多少个独立变量,这些独立变量的累积影响都可以用高斯形状模型来表达。因此,本研究可以将遥感器、大气等因素所造成的 *MTF* 影响,统一用一个高斯模型来表示。

$$MTF(u,v) = \mathrm{e}^{-D^2(u,v)/2\sigma^2} \tag{5-2}$$

$$MTF(u,v) = \mathrm{e}^{-k(u^2+v^2)^{5/6}} \tag{5-3}$$

$$MTF(u,v) = \frac{1}{1+[D(u,v)/D_0]^{2n}} \tag{5-4}$$

式中,$D(u,v)$是点(u,v)到滤波器中心的距离;D_0为非负常数;σ 为标准偏差;u,v 是频率。

为了简化讨论,本研究 *MTF* 退化模型采用公式(5-2)所给出的模型。通过控制模型的 σ 标准偏差来得到不同程度的退化模型,如图 5-4 所示。

用公式(5-2)模型对图 5-3 模拟影像进行退化,得到一系列不同 *MTF* 值的模拟影像(图 5-5)。

5.4.2 影像分割

影像分割操作是在 Definiens 8.64 软件中进行的,采用多尺度分割方法。这个分割方法所产生的分割结果是由 Scale、Shape 和 Compactness 三个参数来进行调节的。本章实验中,根据地类的光谱和形状特征,将尺度 Scale 设置为 10、

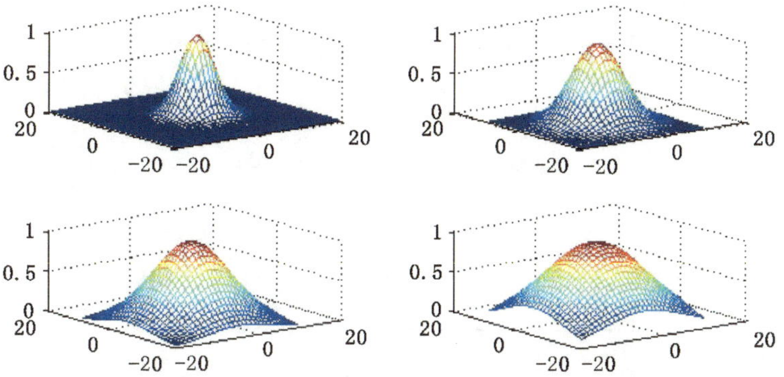

图 5-4 部分模拟的高斯低通滤波 *MTF* 退化模型(频率域)

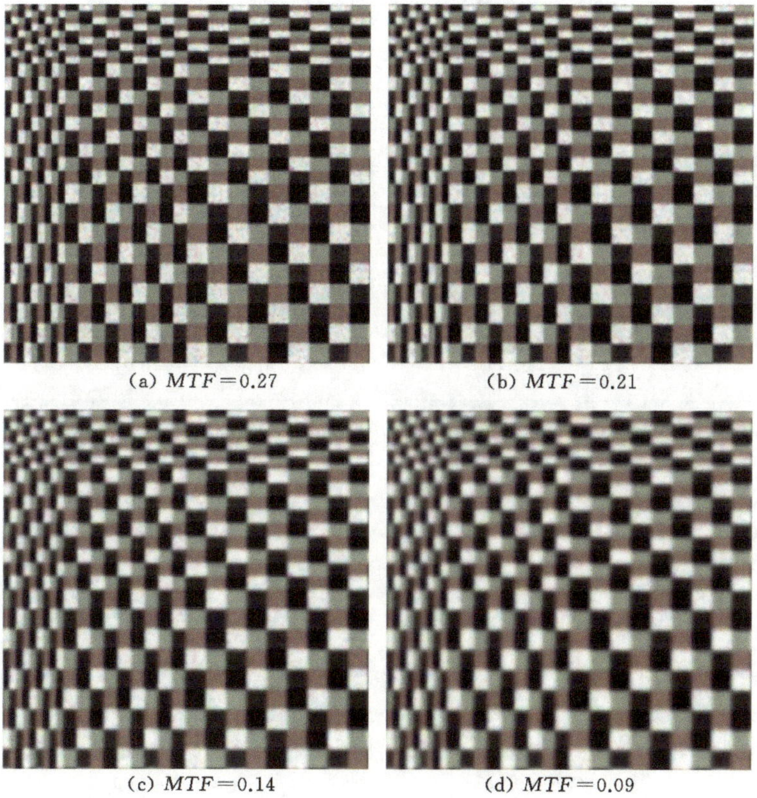

(a) *MTF*＝0.27　(b) *MTF*＝0.21

(c) *MTF*＝0.14　(d) *MTF*＝0.09

图 5-5 部分不同 MTF 值的模拟影像

15 和 20，而将另两个参数 Shape 和 Compactness 都设为 0.5（表 5-1）。对不同 *MTF* 值的模拟影像在 C1、C2 和 C3 三种参数组合情况下，进行影像分割，得到相应的分割结果（图 5-6）。

表 5-1　模拟影像分割参数组合

分割参数	参数组合		
	C1	C2	C3
Scale	10	15	20
Shape	0.5	0.5	0.5
Compactness	0.5	0.5	0.5

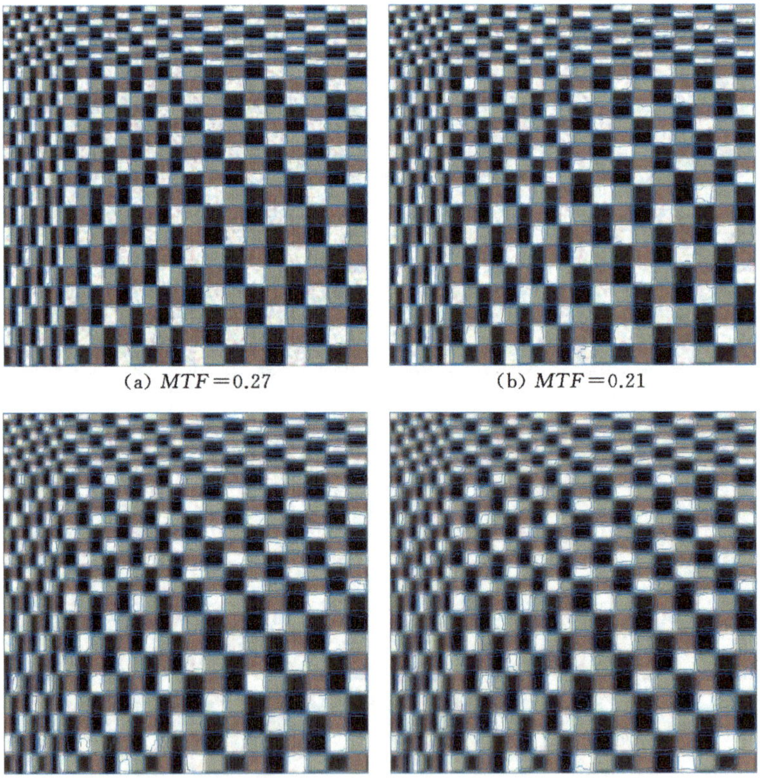

(a) *MTF*=0.27　(b) *MTF*=0.21　(c) *MTF*=0.14　(d) *MTF*=0.09

图 5-6　部分不同 *MTF* 值模拟影像的分割结果

5.4.3　地类图斑提取精度的度量

对于土地利用变更调查与变化监测业务来说，最重要的是影像上的地类图斑是否能被正确提取出来。实际操作中，经常会出现包含误差和丢失误差。因为地类图斑提取是通过影像分割操作完成的，所以根据第 3 章分割结果评价方法，采用 *ADI* 指标来表达地类图斑的提取误差。*ADI* 值越小，则表明地类图斑提取精度越高；*ADI* 值越大，则表明地类图斑提取精度越低。每一地类图斑的参考边界由图 5-1 所示基础影像直接提取得到，如图 5-7 所示。

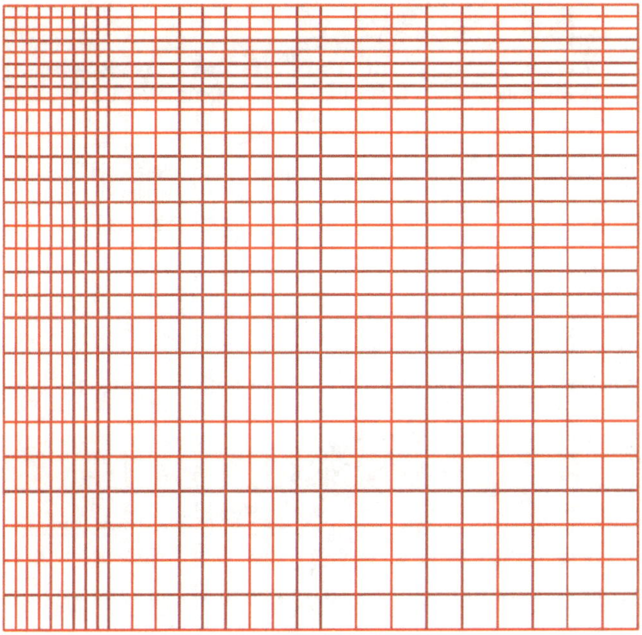

图 5-7　模拟影像地类图斑的参考边界

5.5　结果

通过往图 5-3 所示的模拟影像中加入不同标准偏差的高斯低通滤波模型，得到一系列不同 *MTF* 值的影像，对这些影像应用多尺度分割方法进行分割，得到在 C1、C2 和 C3 分割参数组合情况下五种地类图斑的提取误差。

从图 5-8 可以看出，五种地类图斑在不同分割尺度下，*ADI* 随 *MTF* 变化的规律相一致，即 *MTF* 值减小，*ADI* 随着增大，也就是地类图斑的提取精度随着降低。

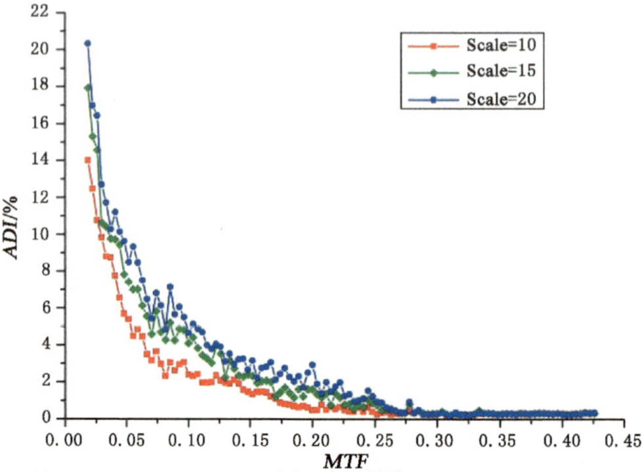

（a） 建设用地

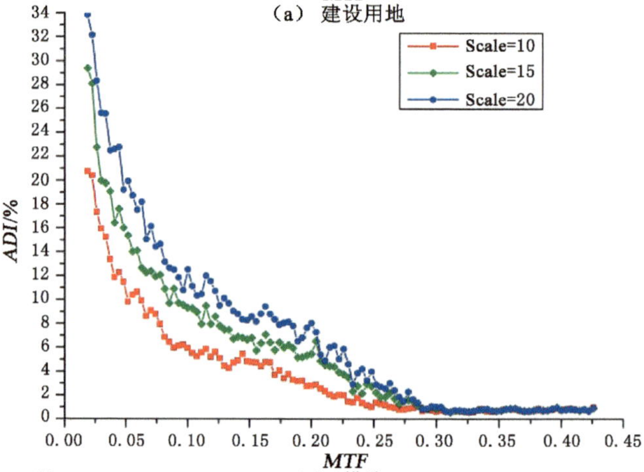

（b） 耕地

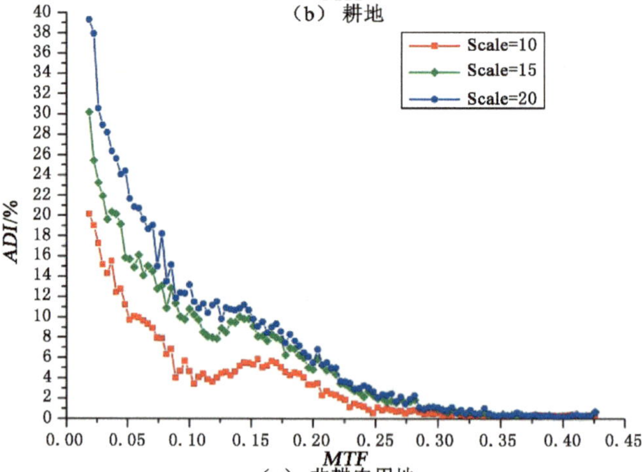

（c） 非耕农用地

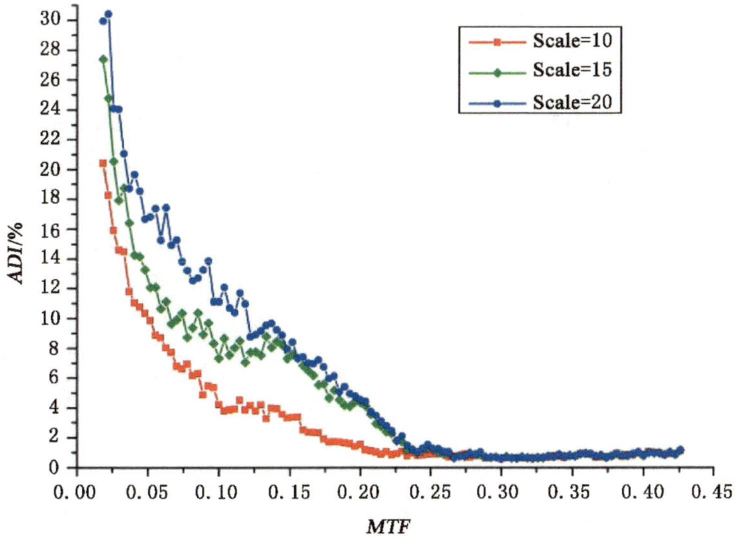

(d) 未利用地

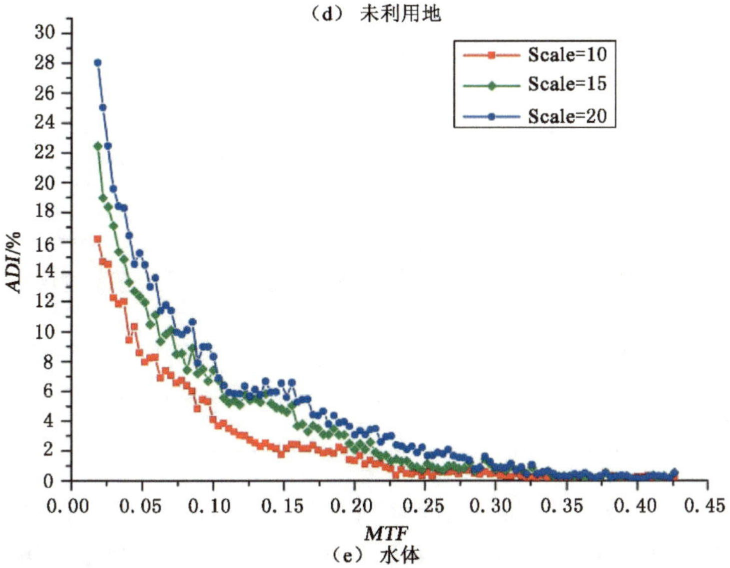

(e) 水体

图 5-8　同一种地类图斑在不同分割尺度下提取误差 *ADI* 随 *MTF* 值的变化

ADI 与 *MTF* 之间遵循一种对数函数变化关系。将图 5-8 所示结果用对数函数来进行拟合，得到每一类地类图斑的 *ADI* 与 *MTF* 之间的函数关系，如表 5-2 所示。不同地类图斑的 *ADI* 与 *MTF* 之间的关系都是一种对数函数关系，不同的是函数的两个系数有差别。当然，表 5-2 中函数表达式只是考虑地类图斑受 *MTF* 影响得到的，它们并不能作为 *ADI* 与 *MTF* 之间关系的最终表达

式。尽管如此，本研究还是能根据这样一些函数表达式，来初步判断地类图斑提取误差 *ADI* 与 *MTF* 值之间的变化规律，为构建综合的影像质量方程打下基础。

表 5-2 用模拟数据得出的 *ADI* 与 *MTF* 之间的拟合函数关系

地类图斑	Scale	拟合的函数关系
建设用地	10	$ADI=-3.774\ 89+7.415\ 79\cdot\log_{10}(\frac{1}{MTF})$
	15	$ADI=-4.880\ 57+9.859\ 48\cdot\log_{10}(\frac{1}{MTF})$
	20	$ADI=-5.527\ 40\ +11.428\ 4\cdot\log_{10}(\frac{1}{MTF})$
耕地	10	$ADI=-5.869\ 62+13.103\ 9\cdot\log_{10}(\frac{1}{MTF})$
	15	$ADI=-8.002\ 30+18.393\ 9\cdot\log_{10}(\frac{1}{MTF})$
	20	$ADI=-9.902\ 55+22.921\ 4\cdot\log_{10}(\frac{1}{MTF})$
非耕农用地	10	$ADI=-6.073\ 96+13.109\ 6\cdot\log_{10}(\frac{1}{MTF})$
	15	$ADI=-8.719\ 64+19.888\ 8\cdot\log_{10}(\frac{1}{MTF})$
	20	$ADI=-12.159\ 3+26.520\ 5\cdot\log_{10}(\frac{1}{MTF})$
未利用地	10	$ADI=-5.509\ 21+11.650\ 4\cdot\log_{10}(\frac{1}{MTF})$
	15	$ADI=-7.212\ 00+16.348\ 2\cdot\log_{10}(\frac{1}{MTF})$
	20	$ADI=-9.510\ 16+21.053\ 3\cdot\log_{10}(\frac{1}{MTF})$
水体	10	$ADI=-5.2913\ 0+10.617\ 9\cdot\log_{10}(\frac{1}{MTF})$
	15	$ADI=-6.760\ 93+14.326\ 2\cdot\log_{10}(\frac{1}{MTF})$
	20	$ADI=-7.984\ 59+17.269\ 4\cdot\log_{10}(\frac{1}{MTF})$

从图 5-9 可以看出，在同一分割尺度下不同类的地类图斑在相同 *MTF* 值处对应的提取误差 *ADI* 值是有差异的，建设用地图斑的提取误差相对较低，而非耕农用地图斑的提取误差相对较高。这个规律在三个分割尺度下都基本一致。这说明，地类图斑的提取误差与图斑类别有关。

如图 5-10 所示，在同一分割尺度下不同面积大小的建设用地图斑在相同 *MTF* 值处对应的提取误差 *ADI* 值不尽相同。在相同 *MTF* 值下，30 pixel ×30 pixel 建设用地图斑比 10 pixel ×10 pixel 建设用地图斑的提取误差 *ADI* 值要小，这说明，地类图斑的提取误差与图斑面积大小有关。图斑面积越大，则相同条件下提取误差越小；图斑面积越小，则相同条件下提取误差越大。

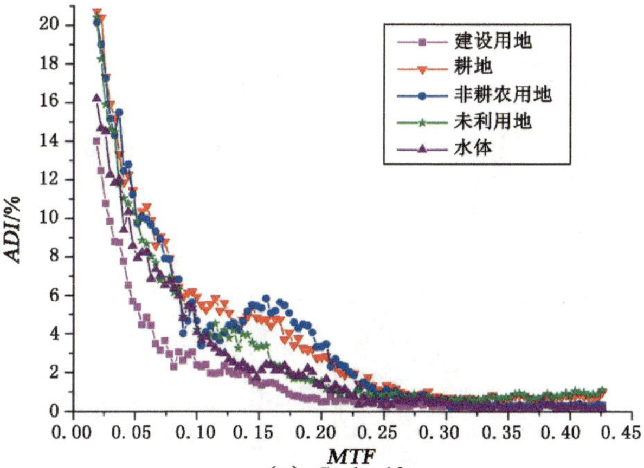

（a） Scale=10

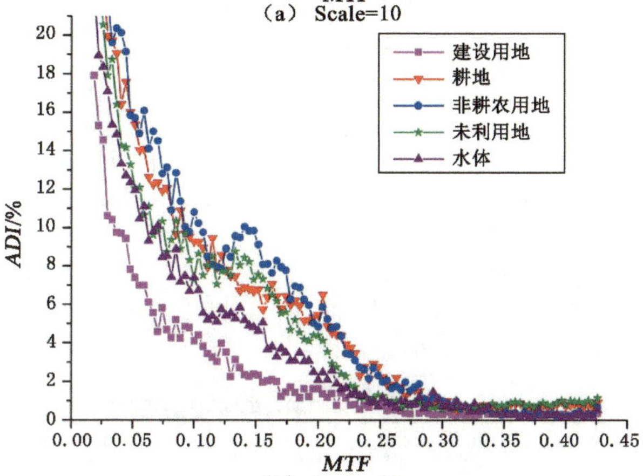

（b） Scale=15

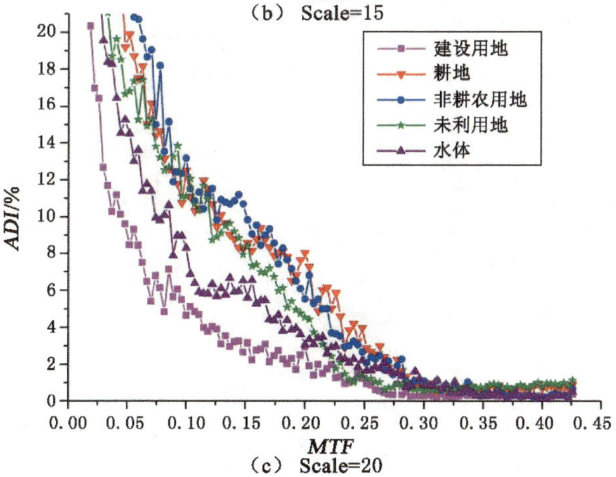

（c） Scale=20

图 5-9　在同一分割尺度下不同类地类图斑的提取误差 *ADI* 随 *MTF* 值的变化

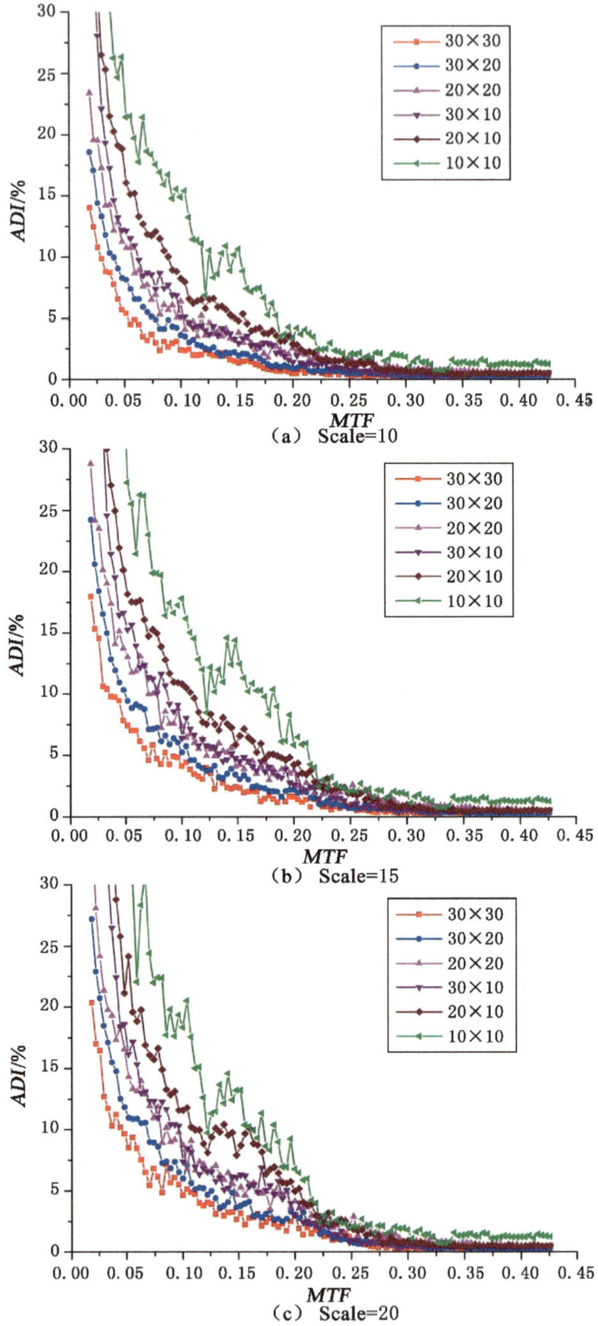

图 5-10　在同一分割尺度下不同面积大小的建设用地图斑提取误差 *ADI* 随 *MTF* 值的变化

5.6　讨论

分割尺度设置是影像分割中无法回避的问题。为了有效地提取地类图斑，应该找到一个最优的分割尺度来完成图斑的提取。根据第 3 章介绍的方法，利用 *ADI* 和 *PDI* 两个指标可以实现最优分割参数获取。本实验中，确定的最优分割尺度为 10。从图 5-8 可以看出，在最优分割尺度 10 附近，五种地类图斑的提取误差 *ADI* 值与 *MTF* 值之间的关系，都有类似的变化趋势：当 *MTF* 值不断减小时，*ADI* 值不断增大，即地类图斑的提取精度不断降低。当 *MTF* 值大于 0.25 时，*ADI* 值基本控制在 3%以下，特别是当 $MTF > 0.35$ 时，*ADI* 值在 1%以下，且曲线趋于平缓，这说明在此情况下，*MTF* 值变化对地类图斑提取误差的影响不是很明显。当 $MTF < 0.25$ 时，*ADI* 值呈快速增加趋势，这说明在此情况下，*MTF* 值变化对地类图斑提取误差有显著影响。Cook 等(2001)指出 IKONOS 的多光谱波段 *MTF* 值在 0.28 左右，本研究实验结果得到的 *MTF* 值结点 0.25 基本与 IKONOS 真实影像 *MTF* 值 0.28 吻合，据此，本研究可以进一步推论出：真实的 IKONOS 多光谱影像，当其 *MTF* 值在 0.25 基础上增加时，其地类图斑的提取误差不会有明显降低，即提取精度不会有明显提高；而当其 *MTF* 值在 0.25 基础上减小时，其地类图斑的提取误差会有较大幅度的增加，即提取精度有明显下降。

在同一分割尺度下，不同地类图斑的提取误差有差异，这主要是由各地类间的光谱差异所导致的。与中低空间分辨率遥感影像相比，高空间分辨率遥感影像上地类的类内光谱差异增大，而类间光谱差异减小(Blaschke 等，2000；Schiewe 等，2001)。如果一个类别相对于其他类别光谱差异比较大，则此类图斑的提取误差会相对较小。从图 5-9 所示结果看，建设用地图斑的提取误差要小于其他类别图斑，这可能是由建设用地的 *DN* 值整体上要比其他类别高，与其他类别间的统计可分性比较大所导致。从图 5-9 所示结果也可以看到，水体的提取误差并不是想象中最低，这可能与它周围地类特征有关。Huang 等(2002)指出：遥感器 *MTF* 特性使得影像上 *DN* 值低的像元变得更亮，而使 *DN* 值高的像元变得没那么亮。当水体与建设用地等地类相交在一起时，受 *MTF* 影响，使得水体与其周围类别间的光谱差异减弱，从而使得水体的提取误差没有想象中那么低。

同一类别的地物有不同面积大小，这在实际影像上经常出现。例如，影像上房屋，面积大小经常是不一样的。面积小的地物在大分割尺度下，被错误提取的概率比较高，而且经常会被分割到周围地物当中去；而面积较大的地物，相对来说，被错误提取的部分要少，一般出现在边界处。从图 5-10 所示结果可以看出，在同一分割尺度下，大图斑的提取误差要小于小图斑；同一图斑在不同分割尺度下的提取误差也有所差异。在实际应用中，当类别内图斑面积差别不是很大时，可以根据 ADI 和 PDI 指标确定出一个最优分割尺度，在此尺度下考虑类别内所有图斑，得到一个整体的提取误差，作为分析的依据。

综合图 5-8、图 5-9 和图 5-10 所示结果，可以得出以下变化规律：地类图斑的提取误差 ADI 随 MTF 值减小而呈不断增大趋势，即地类图斑的提取精度随 MTF 值减小而呈不断降低趋势。当 $MTF>0.35$ 时，提取误差的变化较平缓；当 $MTF<0.25$ 时，提取误差呈快速增加趋势。当然，真实的遥感影像由于受到很多因素如 SNR、下垫面等影响，地类图斑提取误差的这种变化规律可能会有所差异，需要进一步讨论。

5.7 验证

5.7.1 影像数据与地面参考数据获取

本节选取了 2002 年 4 月唐山市某地区的 IKONOS-2 真实影像（图 5-11）来验证地类图斑的提取误差 ADI 与 MTF 值之间的变化规律。影像的空间分辨率是 4 m，影像区域大小是 1 738 m×1 439 m。下垫面的地物类型与实验所采用的参考影像下垫面的地物类型相似。为了验证实验结论，同样选取了五种地类：建设用地、耕地、非耕农用地、未利用地和水体。分别对五种地类图斑进行采样，其中，建设用地采样图斑 11 个，耕地采样图斑 24 个，非耕农用地采样图斑 17 个，未利用地采样图斑 5 个，水体采样图斑 3 个。

地面参考数据是指各地类图斑的参考矢量边界，是利用土地利用现状图和全色波段影像人工解译共同获得的。

5.7.2 影像数据对应的 *MTF* 值测定

与模拟影像不一样，真实遥感影像是受到遥感成像系统 MTF 作用后的结果。因此，真实遥感影像本身就包含有一定 MTF 值。利用第 2 章介绍的刃边法，测定出影像对应的 MTF 值。

刃边法在轨测定 MTF 值，关键是目标的选取。目标应该满足：有严格的直边，且直边在垂直或水平方向倾斜角度应该在 4°～8°之间；直边两边地物均匀，且具有较大的对比度；直边两边地物的宽度应该不小于 10 个像元（Li 等，2010）。为了在影像上准确地找到满足要求的目标，采用第 2 章提出的刃边地物

图 5-11　验证用的 IKONOS-2 多光谱影像(RGB 真彩色合成)

选取方法来选取满足要求的地物直边,即:先采用 Canny 边缘探测器去自动发现影像上的边缘,得到一个包含影像上所有边缘的二值边缘图(图 5-12);对得到的二值边缘图,再应用 Hough 变换找出满足要求的直边,作为刃边法测定的目标。

按照 Hough 变换后的结果,在整个影像区域内选取了 31 条满足条件的直边,对这 31 条直边,应用刃边法进行 *MTF* 值测定,结果如表 5-3 所示。从表 5-3可以看出,IKONOS 多光谱影像对应的 *MTF* 值基本在 0.27 左右。

表 5-3　用刃边法测定的 IKONOS-2 多光谱影像对应的 *MTF* 值

波段	沿轨道方向 *MTF*	垂直轨道方向 *MTF*
Blue	0.264±0.002	0.276±0.004
Green	0.271±0.004	0.267±0.001
Red	0.284±0.005	0.287±0.001
NIR	0.268±0.003	0.274±0.005

利用高斯低通滤波模型公式(5-2)来退化 IKONOS-2 影像(Cheng 等,2012),得到一系列不同 *MTF* 值的影像。在影像退化过程中,其噪声大小会随着影像退化而发生改变。为了排除噪声大小不一致给地类图斑提取所造成的影响,在加入高斯低通滤波模型进行影像退化的同时,先利用第 2 章提出的改进的局部方差法测定出影像包含的噪声大小,然后往退化影像中加入均值为 0、标准差不同的高斯噪声,保证影像所包含的噪声大小不变(噪声加入的原理和方法,参见第 6 章)。类似地,应用刃边法来测定这些退化影像所对应的 *MTF* 值。

图 5-12　影像的二值边缘图

5.7.3　验证结果

对 IKONOS-2 影像,应用多尺度分割方法进行分割,经过反复试验,得到影像的最优分割参数组合是 Scale 100、Shape 0.5 和 Compactness 0.5,此参数组合下地类的分割结果如图 5-13 所示。为了说明 *MTF* 值的改变对影像上地类图斑提取的影响,所有的退化影像都在同一最优参数组合下进行分割。

对不同 *MTF* 值影像的分割结果,分别统计五种地类图斑的提取误差,得到 *MTF* 值与提取误差 *ADI* 之间的散点图,如图 5-14 所示。*ADI* 与 *MTF* 之间的拟合函数关系如表 5-4 所示。图中每一个点对应的 *MTF* 值是四个波段测定出的 *MTF* 值的平均值,因为四个波段测定出的 *MTF* 值比较接近。

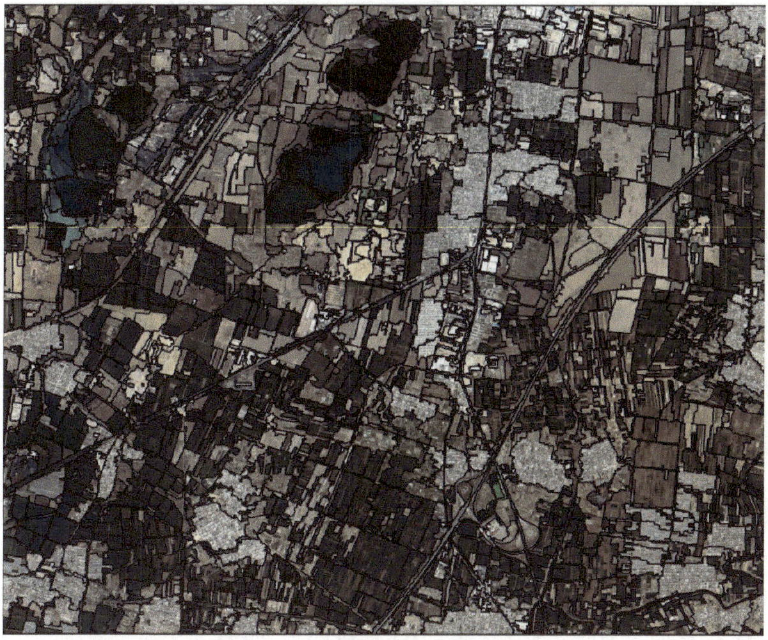

图 5-13　地类图斑的最优分割结果

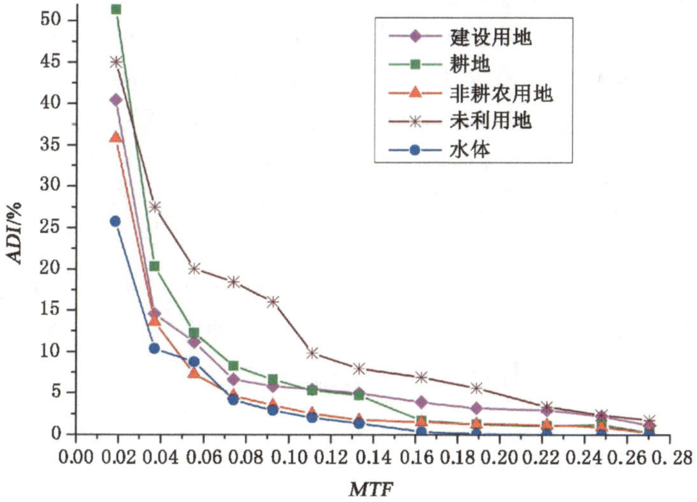

图 5-14　地类图斑的提取误差随 *MTF* 值变化曲线

表 5-4　用 IKONOS 数据得出的 ADI 与 MTF 之间的拟合函数关系

地类图斑	拟合的函数关系
建设用地	$ADI=-17.3147+26.8494\cdot\log_{10}(\frac{1}{MTF})$
耕地	$ADI=-25.8513+36.9459\cdot\log_{10}(\frac{1}{MTF})$
非耕农用地	$ADI=-18.4831+25.4171\cdot\log_{10}(\frac{1}{MTF})$
未利用地	$ADI=-21.0956+35.7200\cdot\log_{10}(\frac{1}{MTF})$
水体	$ADI=-13.9807+19.1793\cdot\log_{10}(\frac{1}{MTF})$

从图 5-14 和表 5-4 可以看出，真实 IKONOS-2 影像上建设用地、耕地、非耕农用地、未利用地和水体五种地类图斑的提取误差 ADI 随 MTF 值的变化规律与用模拟影像得出的变化规律趋势是一致的，即：地类图斑的提取误差 ADI 随着 MTF 值的减小而呈增大趋势，即地类图斑的提取精度随 MTF 值减小而呈不断降低趋势，而且当 MTF 值减小到一个很小值后，ADI 呈现快速增大趋势。表 5-4 中每一类地类图斑的拟合函数的系数明显要大于表 5-2 中每一类地类图斑的拟合函数的系数，原因可能是真实 IKONOS 数据受其他因素影响所致。

图 5-14 中未利用地图斑的提取误差明显要高于其他图斑，原因有两个：一是未利用地图斑周围大部分是非耕农用地或建设用地，光谱特征比较接近，会给参考边界的确定带来较大误差，也会影响图斑提取的精度；另一个主要原因可能是未利用地图斑本身的光谱异质性比较大所造成的。水体的提取误差相对较小，特别是当 $MTF>0.16$，ADI 值在 1%以下，这与本研究用模拟数据得出的结果有出入，原因可能是：在真实影像上，水体周围都是单一类别的图斑，而且水体整体的 DN 值要低于其周围类别。这样，在影像没有退化很严重时，水体的提取误差就比较小。

本章实验中，模拟影像中每一地类图斑的周围是其他四种不同地类图斑，而真实影像中每一地类图斑的周围大部分是单一地类图斑，这也会导致用模拟影像得出的结果与用真实影像得出的结果存在偏差。

5.8　本章小结

本章详细探讨了遥感成像系统 MTF 参数对高空间分辨率遥感影像土地利用图斑提取的影响，利用模拟影像得出二者之间的变化规律，再用真实影像来验证了这种变化规律。通过研究，可以得出以下一些结论：

(1) 本章选取了土地利用变更调查与变化监测中五种土地利用地类图斑来进行图斑提取精度与 MTF 值之间变化规律研究，结果表明：图斑提取精度随着 MTF 值的减小而降低，而且当 MTF 值减小到一个较小值后呈现快速降低趋势。

(2) 在相同 MTF 值下，不同地类图斑的提取误差存在差异。主要是由图斑内光谱差异和图斑间可分性所导致。模拟影像和真实影像上同一类别图斑的提取误差也有所差别，主要原因有两个：一是模拟影像上各地类图斑的空间分布格局与真实影像上地类图斑的空间分布格局不完全相同；二是真实影像上地类图斑的提取误差可能会受到其他因素的影响，比如：纹理。

(3) 同一种地类图斑内不同面积大小的图斑在相同 MTF 值下的提取误差存在差异。面积大的图斑比面积小的图斑的提取误差要小。

(4) 实验中模拟了五种土地利用地类图斑，并分析了 MTF 值对它们的提取精度的影响。但实际影像中这五种地类图斑各自的光谱特征可能千差万别，本章并没有考虑这些不同，只是选取有代表性的图斑尝试性地进行研究，这在以后的研究中需要进一步完善。另外，在模拟影像时，可以考虑加进地类图斑的其他一些特征，如纹理，使模拟出的地类图斑更加接近于真实的地类图斑。

(5) 本章实验中，只是考虑了 MTF 这一个参数对地类图斑提取的影响，其他参数对地类图斑提取的影响，需要进一步来进行探讨。

第 6 章　*SNR* 对高空间分辨率遥感影像土地利用图斑提取的影响研究

6.1　引言

遥感影像除了受 *MTF* 影响，还总是伴随有系统噪声的影响(Atkinson 等，2005)。包含在影像内的噪声与其信号之间的大小关系，会影响影像的应用性能。用信噪比(signal-to-noise，*SNR*)来表示二者之间的大小关系。一般来说，影像 *SNR* 越大，越有利于影像的信息提取。Fiete 等(2001)通过在模拟影像上改变影像 *SNR* 大小来分析 *SNR* 与影像目标识别能力之间的关系，结果发现：*SNR* 越大，影像的目标识别能力越强。Leachtenauer 等(1997)更是将 *SNR* 作为一般影像质量方程(General Image Quality Equation，GIQE)的一个因变量，来说明 *SNR* 对于影像解译度的影响。

SNR 和 *MTF* 一样，是表征遥感成像系统性能的一个非常重要的参数(Stefanou，2008)，本章利用模拟影像来分析 *SNR* 对高空间分辨率遥感影像土地利用图斑提取的影响。

6.2　高空间分辨率遥感影像的噪声特性

本章实验中需要改变影像信噪比大小，这个操作经常是通过变化噪声大小来实现的。为此，首先要清楚此种类型遥感成像系统的噪声特性，才能有针对性地添加或减少噪声，以达到改变影像信噪比的目的。

一般遥感成像系统的噪声可以分为两种类型，一种是加性噪声，另一种是乘性噪声(Lee 等，1989；Corner 等，2003)。加性噪声可以用公式(6-1)来表示，乘性噪声可以用公式(6-2)来表示。

$$DN(i,j)=S(i,j)+n_a(i,j) \tag{6-1}$$

$$DN(i,j)=S(i,j)\cdot n_m(i,j) \tag{6-2}$$

式中，$S(i,j)$表示信号；$n_a(i,j)$表示加性噪声；$n_m(i,j)$表示乘性噪声。

加性噪声的大小不随信号而发生改变，一般可以用均值为 0 的正态分布函数来表示。大部分遥感成像系统的噪声都是这种加性噪声，如 Landsat、Modis、SPOT4/5 等。而乘性噪声的大小和信号大小有关联，它会随着信号的改变而发生改变，在整个影像区域内不是一个固定值。像 SAR（Synthetic Aperture Radar）噪声就属于这种乘性噪声（Lee 等，1989；Corner 等，2003）。

下面来证明 IKONOS 高空间分辨率遥感成像系统的噪声特性。用 Lee 等（1989）在影像上用 $n \times n$ 小窗口滑动求其局部均值和局部标准差，然后用画散点图的方法，来证明噪声是否是加性噪声，如图 6-1 所示。

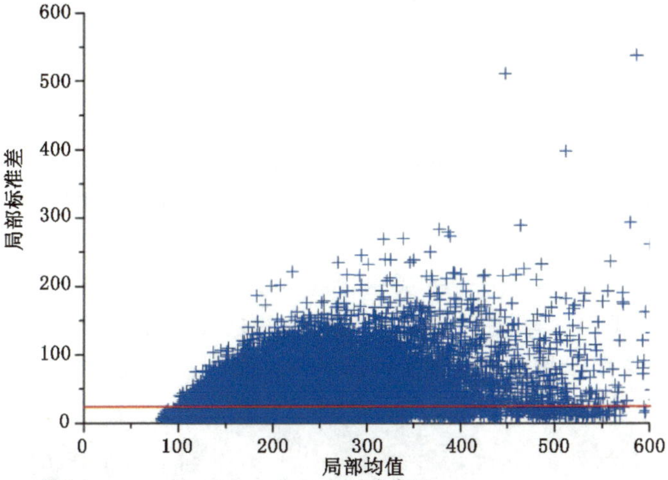

(a) 3×3小窗口

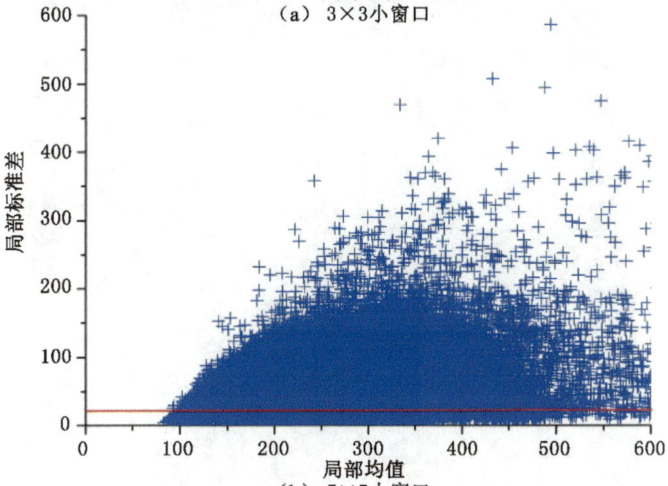

(b) 5×5小窗口

图 6-1　IKONOS 全色波段局部均值和局部标准差的散点图

从图 6-1 可以看出,用小窗口滑动得到的局部均值和局部标准差的散点分布虽然比较分散(可能是由纹理、边缘等空间信息所引起),但大部分点都比较集中,且沿水平方向分布。图中红色直线是用 Hough 变换得到的最多点通过的分割线,直线比较平缓,可以说明噪声不是乘性噪声。

另外,本研究也可以用改进的局部方差法来证明 IKONOS 高空间分辨率遥感成像系统的噪声特性。从第 2 章图 2-30(b)可以看出,在局部标准差集中的 *DN* 值区间内,其噪声大小相差不大,基本保持在一个水平。由此可以推断,IKONOS 全色波段对应的系统噪声是加性的,而不是乘性的。IKONOS 多光谱波段对应的噪声特性类似于全色波段,也是加性的,不是乘性的。

6.3 数据

因为用真实遥感影像很难得到一系列变化的 *SNR* 值,真实遥感影像上地物的真实边界很难准确地得到,而且,真实遥感影像上其他因素的影响很难避免,因此,本实验采用模拟影像来进行研究。与真实遥感影像相比,模拟影像具有可控的空间和光谱特征,可以模拟任意地类组合的下垫面情况。模拟影像的方法和过程与第 5 章 5.3 节类似。与 5.3 节模拟影像不同的是,此处在一个场景中只放置两种地类图斑,图 6-2 所示是建设用地和耕地两种地类图斑构成的模拟影像。

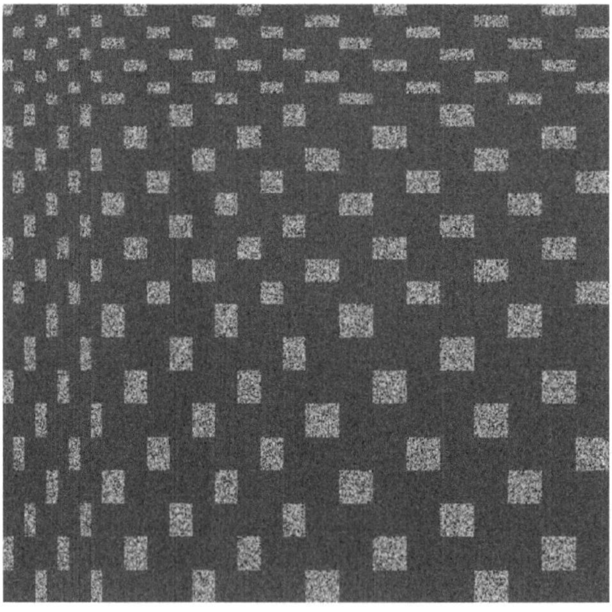

图 6-2　两种地类图斑的模拟影像

构建类似图 6-2 的地类图斑影像，主要是考虑 *SNR* 的影响。传统的 *SNR* 指标中信号是取场景中所有像元 *DN* 值的平均值[见公式(2-8)]，但是这种定义的 *SNR* 不能反映地类图斑间的差异。Leachtenauer 等(1997)在一般影像质量方程(GIQE)中采用 *DN* 差值法来定义 *SNR*，如图 6-3 所示。这种方法定义的信号是指明暗两种地物 *DN* 值的差值(DN_difference)，噪声是两种地物内部标准差的平均值，即：

$$\mathrm{SNR} = \frac{\mathrm{DN\_difference}}{(\mathrm{STD\_bright} + \mathrm{STD\_dark})/2} \tag{6-3}$$

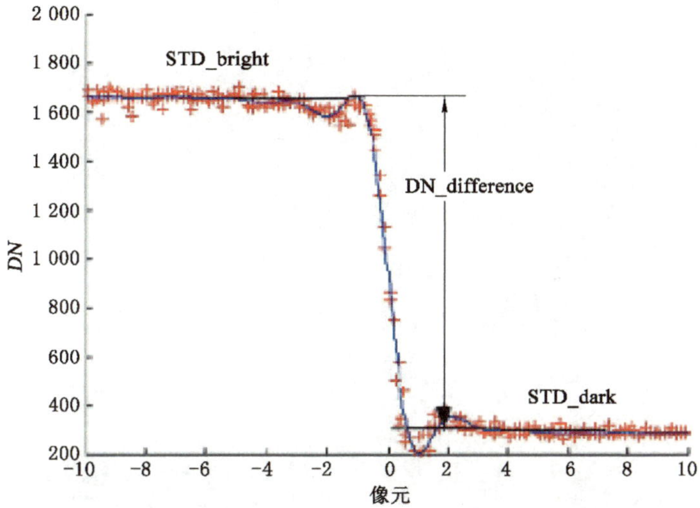

图 6-3　*DN* 差值法的 *SNR* 定义(Leachtenauer 等，1997)

采用这种方法定义的信号，可以很好地反映两种不同地物之间的区分度，DN_difference 越大，说明两种地物越容易被区分。因此，本研究采用 Leachtenauer 等(1997)提出的信号定义方法来定义两种地类图斑所表达的信号，其 *SNR* 的定义如下：

$$SNR = \frac{\mathrm{DN\_difference}}{\mathrm{noise}} \tag{6-4}$$

式中，noise 是影像内噪声大小；DN_difference 是影像内两地类图斑 *DN* 平均值的差值。

对于图 6-2 所展示的模拟影像，其信号就是指建设用地 *DN* 平均值与耕地 *DN* 平均值之间的差值。

本章实验中，共构建了四种地类图斑场景，即建设用地和耕地、非耕农用地和耕地、未利用地和耕地、水体和耕地。

6.4 实验过程

6.4.1 不同 *SNR* 影像的生成

根据 6.2 节论述，可知 IKONOS 高空间分辨率遥感成像系统的噪声是加性噪声，它被认为是一个均值为 0 的随机变量。因此，分别对模拟的四种空间分布格局的地类图斑影像加入均值为 0、标准差不同的正态分布高斯噪声，得到不同 *SNR* 大小的模拟影像（图 6-4），噪声大小由高斯函数的标准差来控制。

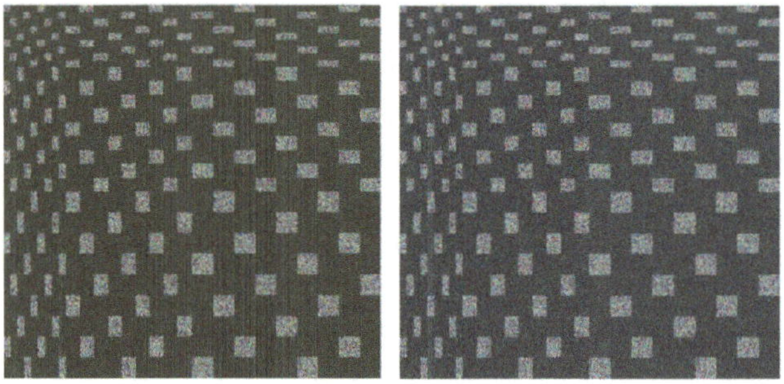

(a) 建设用地和耕地

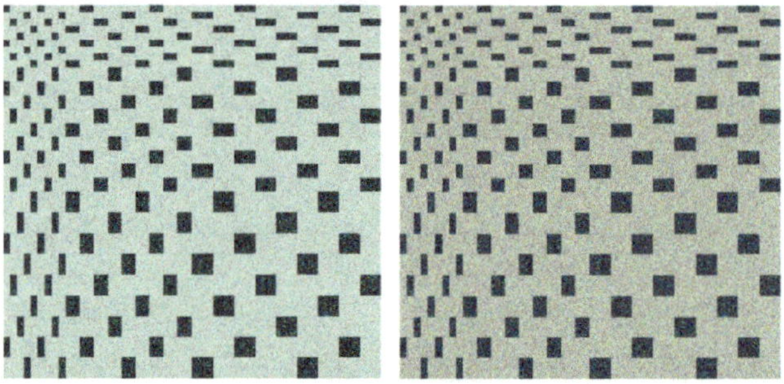

(b) 非耕农用地和耕地

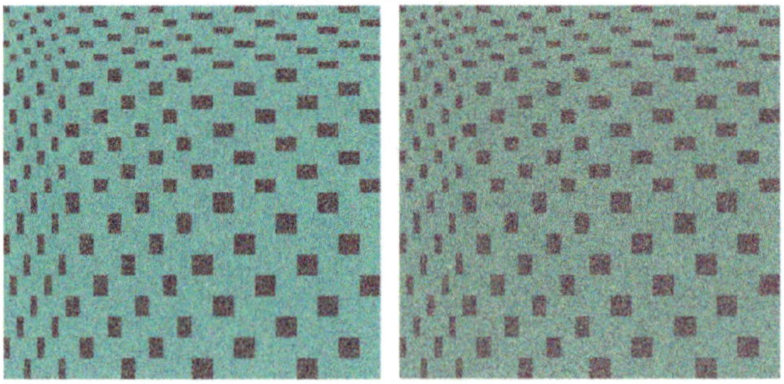

(c) 未利用地和耕地

（d） 水体和耕地

图 6-4 部分不同 *SNR* 模拟影像展示

6.4.2 影像分割

影像分割操作是在 Definiens 8.64 软件中进行的，采用多尺度分割方法。这个分割方法所产生的分割结果是由 Scale、Shape 和 Compactness 三个参数来进行调节的。本章实验中，根据地类的光谱和形状特征，将尺度 Scale 设置为 10、15 和 20，而将另两个参数 Shape 和 Compactness 都设为 0.5(表 6-1)。后面的实验，就是对比不同 *SNR* 值的模拟影像在 C1、C2 和 C3 三种参数组合情况下，地类图斑的提取精度。

表 6-1 模拟影像分割参数组合

分割参数	参数组合		
	C1	C2	C3
Scale	10	15	20
Shape	0.5	0.5	0.5
Compactness	0.5	0.5	0.5

6.4.3 地类图斑提取精度的度量

对于土地利用变更调查与变化监测业务来说，最重要的是影像上的地类图斑是否能被正确提取出来。实际操作中，经常会出现包含误差和丢失误差。因为地类图斑提取是通过影像分割操作完成的，所以根据第 3 章分割结果评价方法，本研究采用 *ADI* 指标来表达地类图斑的提取误差。*ADI* 值越小，则表明地类图斑提取精度越高；*ADI* 值越大，则表明地类图斑提取精度越低。每一地类图斑的参考边界由基础影像直接提取得到，如图 6-5 所示。

图 6-5　模拟影像地类图斑的参考边界

6.5　结果与讨论

同一种地类图斑在耕地场景中不同分割尺度下提取误差 *ADI* 随 *SNR* 值的变化如图 6-6 所示。

从图 6-6 可以看出，四种地类图斑在三个分割尺度下图斑的提取误差与 *SNR* 之间的变化规律是一致的，即：当 *SNR* 减小时，地类图斑的提取误差 *ADI* 呈现增加趋势，也就是地类图斑的提取精度呈降低趋势。特别是当 *SNR* 减小到 10 以后，提取误差 *ADI* 增加趋势非常明显。图 6-6(c)中 *ADI* 增加的幅度明显要高于其他，而图 6-6(d)中 *ADI* 增加的幅度明显要低于其他，原因可能是类别之间的统计可分性造成的。类别之间的统计可分性可以用 J—M 距离(Jeffreis-Matusita Distance)来表示(柏延臣等，2003)，J—M 距离是一个 0～2 之间的值。一般来说，当 J—M 距离大于 1.9，说明类别之间的可分性好。经过对耕地与其他四种地类采样样本之间的 J—M 距离进行度量，发现在本研究的实验影像上，耕地与未利用地之间的 J—M 距离为 1.81，而耕地与水体之间的 J—M 距离达到了 2.0。在类别之间可分性差的情况下，噪声对图斑提取的影响要大；而在类别之间可分性好的情况下，噪声对图斑提取的影响要小。

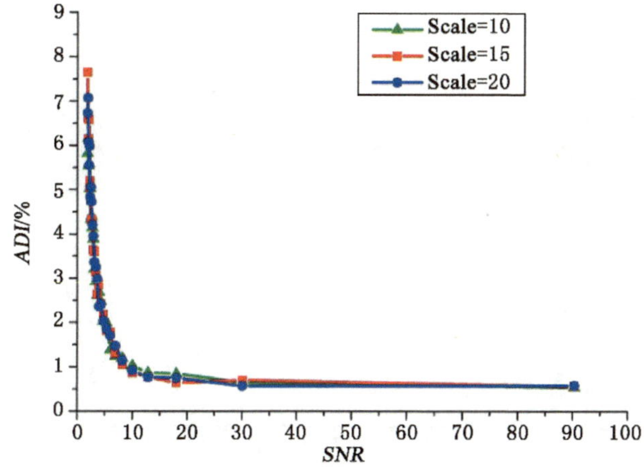

（a） 建设用地

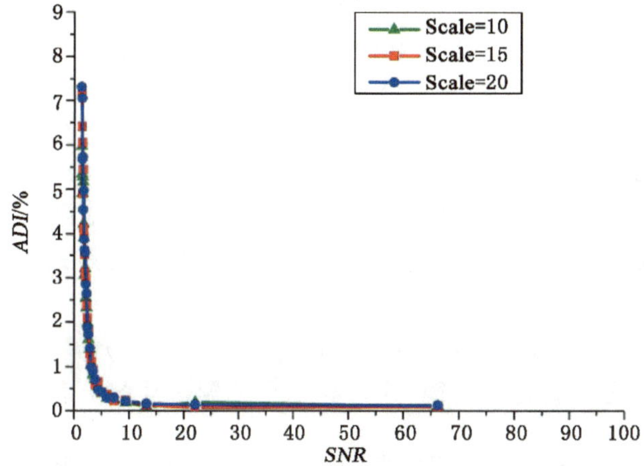

（b） 非耕农用地

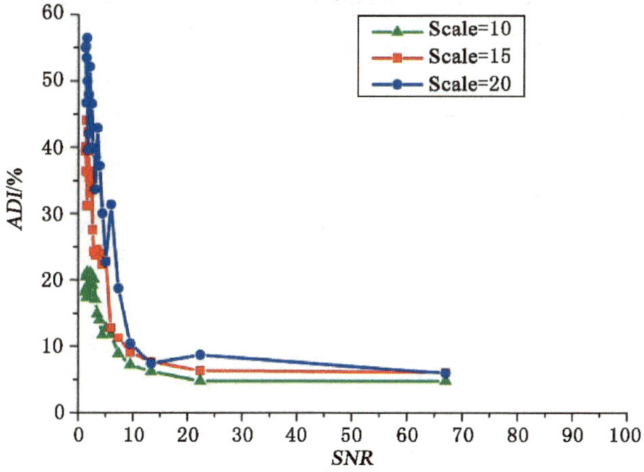

（c） 未利用地

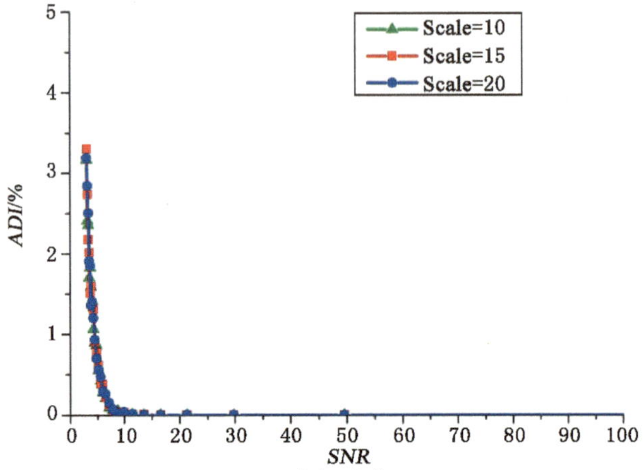

（d） 水体

图 6-6 同一种地类图斑在耕地场景中不同分割尺度下提取误差 *ADI* 随 *SNR* 值的变化

ADI 与 *SNR* 之间遵循一种幂函数变化关系。将图 6-6 所示结果用幂函数来进行拟合，得到每一类对地类图斑的 *ADI* 与 *SNR* 之间的函数关系，如表 6-2 所示。不同类对地类图斑的 *ADI* 与 *SNR* 之间都是一种幂函数关系，不同的是函数的两个系数有差别。当然，表 6-2 中的函数表达式只是考虑地类图斑受 *SNR* 影响得到的，它们并不能作为 *ADI* 与 *SNR* 之间关系的最终表达式。尽管如此，本研究还是能根据这样一些函数表达式，来初步判断地类图斑提取误差 *ADI* 与 *SNR* 值之间的变化规律，为构建综合的影像质量方程打下基础。

表 6-2 用模拟数据得出的 *ADI* 与 *SNR* 之间的拟合函数关系

类对	Scale	拟合的函数关系
建设用地—耕地	10	$ADI=-0.0686593+11.1770\cdot(\frac{1}{SNR})$
	15	$ADI=-0.338990+12.8767\cdot(\frac{1}{SNR})$
	20	$ADI=-0.272740+12.6019\cdot(\frac{1}{SNR})$
非耕农用地—耕地	10	$ADI=-1.04952+8.66600\cdot(\frac{1}{SNR})$
	15	$ADI=-1.24042+9.64814\cdot(\frac{1}{SNR})$
	20	$ADI=-1.29614+9.96243\cdot(\frac{1}{SNR})$

表 6-2(续)

类对	Scale	拟合的函数关系
未利用地—耕地	10	$ADI=7.630\ 51+21.138\ 5\cdot(\frac{1}{SNR})$
	15	$ADI=7.566\ 08+51.707\ 3\cdot(\frac{1}{SNR})$
	20	$ADI=11.969\ 2+66.630\ 3\cdot(\frac{1}{SNR})$
水体—耕地	10	$ADI=-0.679\ 669+8.566\ 12\cdot(\frac{1}{SNR})$
	15	$ADI=-0.699\ 357+8.811\ 92\cdot(\frac{1}{SNR})$
	20	$ADI=-0.7167\ 43+8.968\ 89\cdot(\frac{1}{SNR})$

在同一分割尺度下不同面积大小的建设用地图斑提取误差 *ADI* 随 *SNR* 的变化如图 6-7 所示。

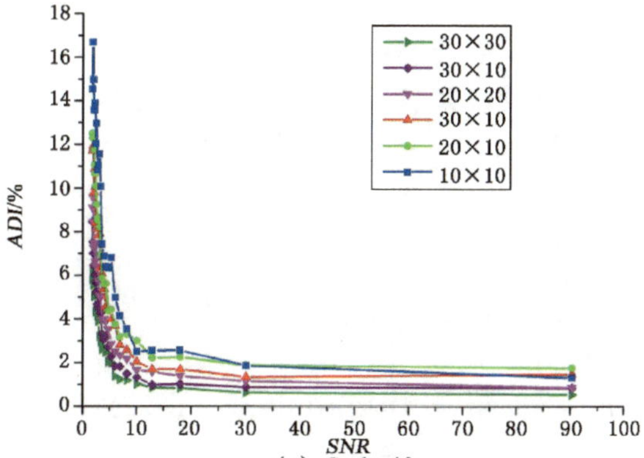

(a) Scale=10

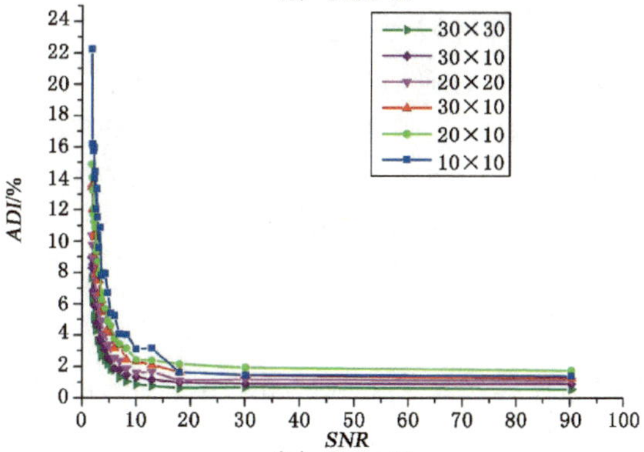

(b) Scale=15

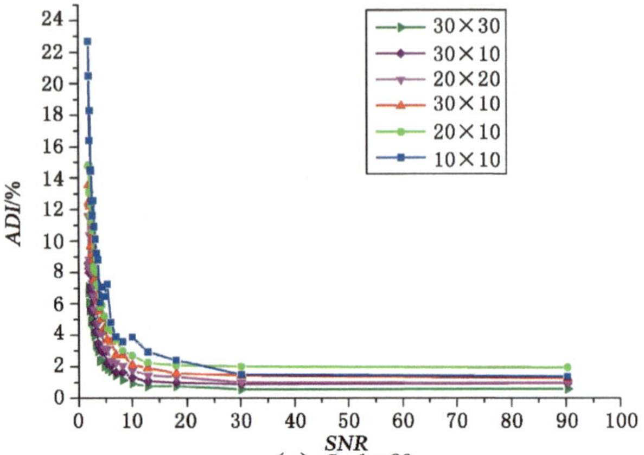

(c) Scale=20

图 6-7　在同一分割尺度下不同面积大小的建设用地图斑提取误差 *ADI* 随 *SNR* 值的变化

从图 6-7 可以看出，在相同 *SNR* 条件下，不同面积大小的建设用地图斑的提取误差稍有差别，面积大的图斑比面积小的图斑的提取误差要小，原因是面积小的图斑在噪声干扰下，容易被分割到邻近大图斑中，从而使其提取误差增大。但不管怎样，所有图斑的提取误差 *ADI* 与 *SNR* 之间的变化规律是相吻合的。

6.6　验证

6.6.1　影像数据与地面参考数据获取

本节同样选取了 2002 年 4 月唐山市某地区的 IKONOS-2 真实影像(图 5-11)来验证地类图斑的提取误差 *ADI* 与 *SNR* 值之间的变化规律。多光谱波段的空间分辨率是 4 m，影像区域大小是 1 738×1 439。下垫面的地物类型与本实验所采用的参考影像下垫面的地物类型相似。因为验证用的 IKONOS-2 影像上没有“水体—耕地”情况，因此，本研究只选取了三种情况来进行验证，即建设用地和耕地、非耕农用地和耕地、未利用地和耕地。选取符合要求的建设用地采样图斑 7 个，非耕农用地采样图斑 10 个，未利用地采样图斑 3 个。

6.6.2　影像数据的 *SNR* 测定

在改变真实影像 *SNR* 值之前，首先要测定出其本身所包含的 *SNR* 大小。本研究采用第 2 章介绍的改进的局部方差法来进行测定，估算出影像的 *SNR* 大小。在此基础上，加入均值为 0、标准差不同的高斯噪声，来改变影像的 *SNR*

大小，从而得到不同 *SNR* 的影像（图 6-8）。

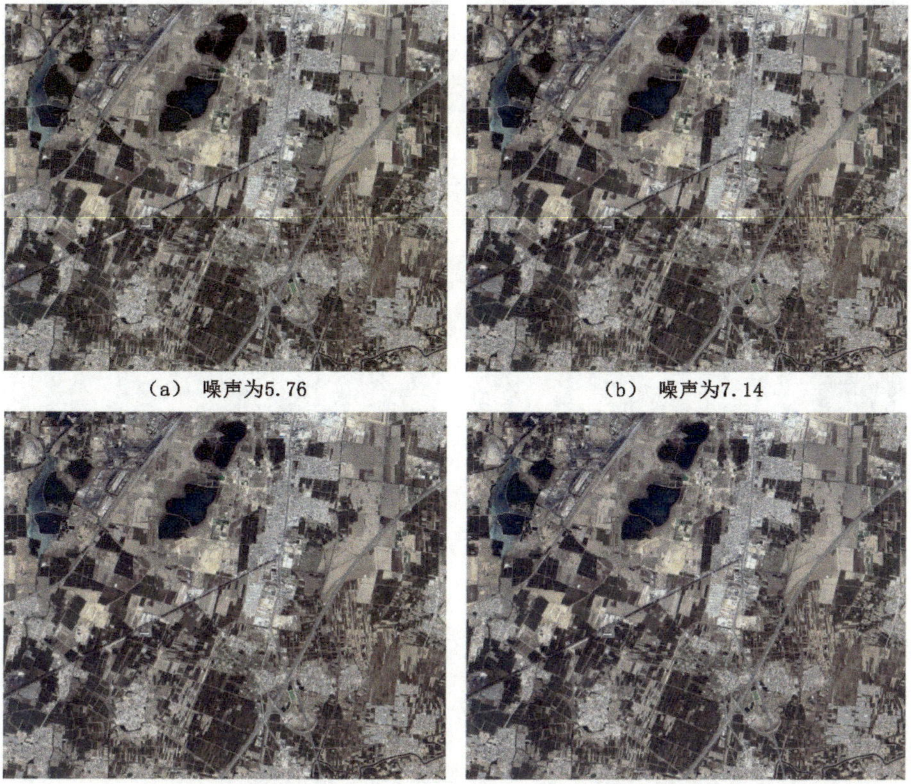

（a）噪声为5.76　（b）噪声为7.14

（c）噪声为9.27　（d）噪声为11.68

图 6-8　不同噪声水平的 IKONOS-2 多光谱影像

6.6.3　验证结果

对 IKONOS-2 影像应用多尺度分割方法进行分割，经过反复试验，得到影像的最优分割参数组合是 Scale 100、Shape 0.5 和 Compactness 0.5。为了说明 *SNR* 值的改变对影像上地类图斑提取的影响，所有不同 *SNR* 的影像都在同一最优参数组合下进行分割。

对不同 *SNR* 值影像的分割结果（图 6-9）分别统计建设用地、非耕农用地和未利用地三种地类图斑的提取误差，得到 *SNR* 值与提取误差 *ADI* 之间的散点图，如图 6-10 所示（由于这三种地类图斑提取误差的量级不一样，所以没有将它们的结果放在一幅图里面）。*ADI* 与 *SNR* 之间的拟合函数关系如表 6-3 所示。

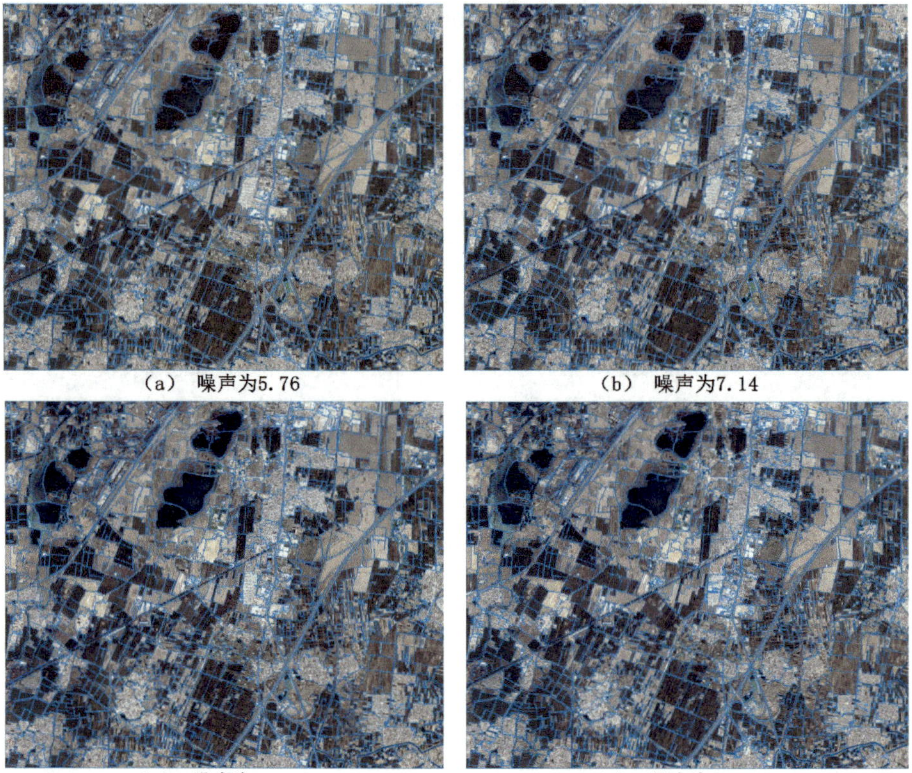

(a) 噪声为5.76 (b) 噪声为7.14

(c) 噪声为9.27 (d) 噪声为11.68

图 6-9 不同噪声水平的 IKONOS-2 多光谱影像的分割结果

表 6-3 用 IKONOS 数据得出的 *ADI* 与 *SNR* 之间的拟合函数关系

类对	拟合的函数关系
建设用地—耕地	$ADI=2.684\ 42+12.349\ 8\cdot(\frac{1}{SNR})$
非耕农用地—耕地	$ADI=3.170\ 08+15.383\ 4\cdot(\frac{1}{SNR})$
未利用地—耕地	$ADI=13.216\ 2+45.849\ 3\cdot(\frac{1}{SNR})$

从图 6-10 和表 6-3 可以看出，用真实 IKONOS-2 影像得出的 *SNR* 与提取误差 *ADI* 之间的变化规律与用模拟数据得出的变化规律趋势一致，即：地类图斑的提取误差 *ADI* 随着 *SNR* 值的减小而呈增大趋势，即地类图斑的提取精度随 *SNR* 值减小而呈不断降低趋势，而且当 *SNR* 值减小到一个很小值后，*ADI* 呈现快速增大趋势。与 *ADI*—*MTF* 变化规律不同的是，*ADI*—*SNR* 之间是一

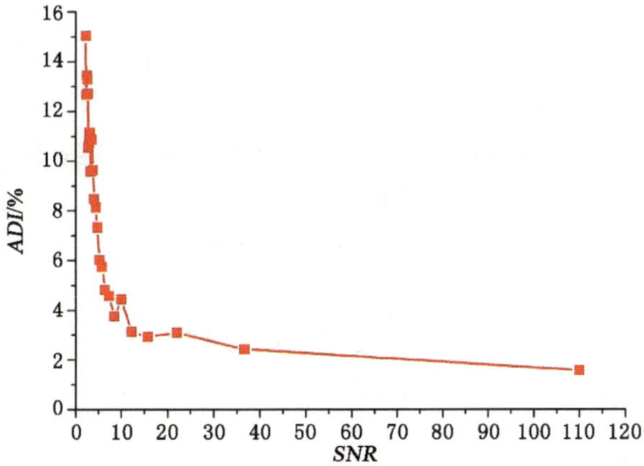

（a）建设用地

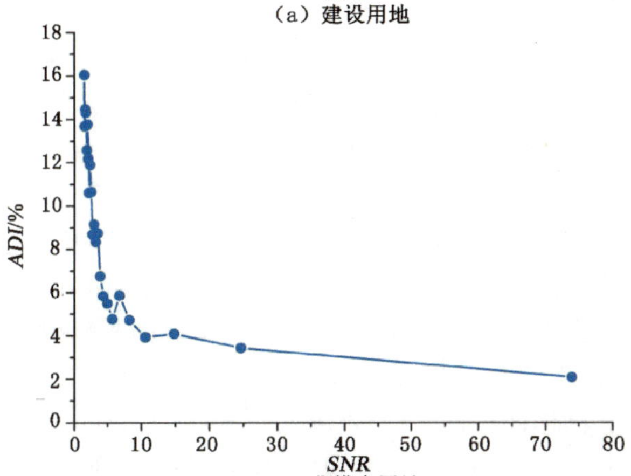

（b）非耕农用地

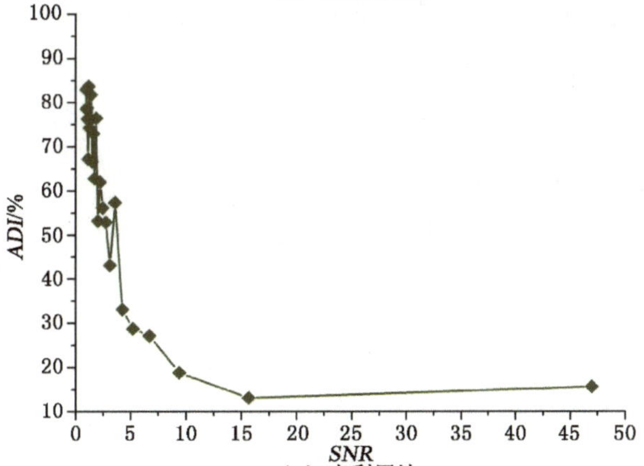

（c）未利用地

图 6-10　地类图斑的提取误差 *ADI* 随 *SNR* 值的变化曲线

种幂函数变化。

三个类对地类图斑的提取误差要大于用模拟数据得出的结果，原因可能是真实影像还受到 MTF 的影响。图 6-10(c)所示是未利用地的提取误差 ADI 随 SNR 变化曲线，很明显，在相同 SNR 下，其提取误差要大于其他两种地类图斑的提取误差。原因有两个：一是未利用地图斑周围大部分是非耕农用地或建设用地，光谱特征比较接近，会给参考边界的确定带来较大误差，也会影响图斑提取的精度；另一个原因可能是未利用地图斑本身的光谱异质性比较大。这种场景的地类图斑，在加入噪声后，噪声对其影响比较大。特别是当噪声加大到使 SNR 小于 5 以后，图斑的提取误差急剧增加，甚至达到了 85%。

6.7 本章小结

本章通过用模拟影像人为加入噪声的办法来改变影像的 SNR，得出了地类图斑提取误差 ADI 与 SNR 之间的变化规律，并用真实影像数据进行了验证。总结起来，得出了以下一些结论：

(1) 当 SNR 减小时，地类图斑的提取误差 ADI 呈现增加趋势，也就是地类图斑的提取精度呈降低趋势。特别是当 SNR 减小到 10 以后，提取误差 ADI 增加趋势非常明显。提取误差 ADI 与 SNR 之间遵循幂函数变化关系。

(2) 在相同 SNR 条件下，地类之间可分性越大，则图斑的提取误差越小；地类之间可分性越小，则图斑的提取误差越大。

(3) 在相同 SNR 条件下，真实影像上地类图斑的提取误差要大于用模拟影像得出的提取误差，原因可能是真实影像受到 MTF 的影响所致。

第 7 章　针对土地利用图斑提取的影像质量方程构建

7.1　引言

遥感影像质量受很多因素影响，总结起来，主要有三种类型的因素，即外部环境、遥感器和后处理环节，每一种因素又是由许多参数来控制的（表 7-1），所有这些参数共同决定了遥感影像质量。对于数据提供者来说，控制某些参数值，使其更接近理想值，这样就可以保证数据的质量。然而，对于数据应用者来说，他们更关心的是采用具有一定参数的遥感影像是否能满足应用需求（Kerekes 等，2004a）。因此，对遥感影像质量的评价，不应该仅仅停留在对基础质量参数评价这样一个层次，而应该上升到更高层次的应用评价上来。这就需要本研究建立各参数与遥感影像的应用能力之间的关系。利用这种关系，数据使用者可以根据提供的参数来估算数据的应用能力，从而帮助他们选取适合应用需求的遥感影像。同时，数据提供者可以利用建立的这种关系，来改进数据获取过程中某个技术参数，这又可以反过来提高数据的质量。

表 7-1　影响遥感影像质量的参数

类　型	参　数
外部环境	地类及表面异质性
	大气状况
	太阳天顶角
	…
遥感器	空间特性
	SNR
	定标精度
	视场角
	光谱分辨率
	波段间配准精度
	…

表 7-1(续)

类　型	参　数
后处理	光谱或特征提取
	大气校正
	…

目前，这方面的研究主要针对的是高光谱遥感影像(Sweet 等，2000；Kerekes 等，2004a/b；Shen，2003，2005；Simmons 等，2005；Stefanou 等，2007，2008，2009，2010)，而对于高空间分辨率遥感影像则主要侧重于对影像解译度的评价(Leachtenauer 等，1997，2001)。本章根据土地利用变更调查与变化监测业务需求，以高空间分辨率遥感影像为研究对象，在第 5 章和第 6 章研究基础上，综合探讨遥感影像的基础质量参数与土地利用图斑提取误差之间的函数关系，建立针对土地利用图斑提取的影像质量方程。

7.2　实验流程

影像质量方程构建的实验流程如图 7-1 所示。首先，根据土地利用变更调查与变化监测业务，选取典型的基础质量参数，作为影像质量方程的自变量；针

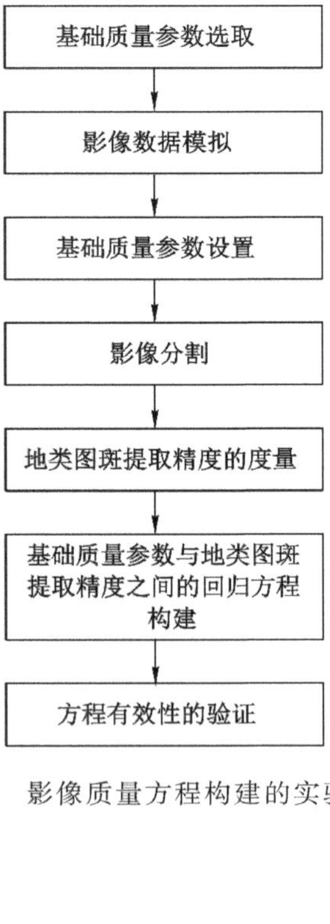

图 7-1　影像质量方程构建的实验流程

对实验需要，模拟具有不同地类图斑组合的影像数据，这是整个实验的一个基础环节。然后，改变模拟影像数据的各基础质量参数值，得到一系列具有不同质量的模拟影像数据，这是整个实验的一个关键环节；在最优分割参数组合下，对所有模拟影像数据进行影像分割；利用分割质量评价方法与指标，分别测定出所有模拟影像数据的地类图斑提取精度；将每一模拟影像数据的各基础质量参数作为自变量，对应的地类图斑提取精度作为因变量，确定方程的表达式，再利用多元线性回归分析方法，确定方程表达式中未知系数的值，从而完成影像质量方程的构建。最后，用模拟影像数据和真实影像数据来共同验证构建的影像质量方程的有效性。

7.3　基础质量参数选取

虽然影响遥感影像质量的参数有很多，但从研究的角度来说，不可能在某一次研究中把所有的参数都考虑进来。根据土地利用变更调查与变化监测业务对地类图斑提取的需要，本研究选取了三个有代表性的参数，即 *MTF*、*SNR* 和地类类别间光谱可分性 J—M 距离，来进行研究。

MTF 是从影像空间特性的角度来表示影像的质量，它表征的是影像上边缘的清晰程度。根据第 4 章研究结果可以看出，*MTF* 对地类图斑的提取精度有很大影响。虽然现有的一些影像质量方程中考虑的是地面分辨距离(Ground resolved distance，GRD)的影响，但由影像的 *MTF* 可以推测出地面分辨距离的大小(Kim 等，2011)。因此，选取 *MTF* 作为分析的参数，是比较合适的。

SNR 是从辐射特性角度来表示影像的质量，它表征的是影像所包含的信号强弱，它影响地类图斑的光谱特性。根据第 5 章研究结果可以看出，*SNR* 对地类图斑的提取精度有很大影响。在现有的一些影像质量方程中也将 *SNR* 作为一个很重要的参数(Leachtenauer 等，1997；Kerekes 等，2004a/b；Shen，2003，2005)。

J—M 距离是度量类对间统计可分性的一个常采用的参数(柏延臣等，2003)，其定义为：

$$J_{ij} = \{\int_X [\sqrt{p(X \mid \omega_i)} - \sqrt{p(X \mid \omega_j)}]^2 \mathrm{d}X\}^{1/2} \tag{7-1}$$

它是一个 0～2 之间的值。一般来说，当 J—M 距离大于 1.9 时，说明类别之间的可分性好；小于 1.8 时，类别之间的可分性就不太好；当小于 1.0 时，基本上可以考虑将两类合并成一类。选取地类类别间光谱可分性参数进行分析，主要也是考虑到地类图斑间的这种差异性。对于地类图斑的提取来说，图斑间差异性越大，则相邻图斑就相对越容易被提取出来，而图斑间差异性越小，则越容易出现错误提取图斑的现象。通过第 5 章研究结果也可以看出，不同类对图斑组合时，图斑的提取精度有明显差别，这也证明了类对间可分性对图斑提取的影响。

7.4 数据模拟

实验采用模拟数据来进行研究。模拟数据的生成过程参考第 5 章 5.3 节内容。与第 5 章模拟数据不同的是，本章所有的模拟数据中只放置两种地类图斑（参见图 6-2）。这样做，一方面可以很方便地控制影像 *SNR* 大小（参见 6.3 节），另一方面可以更好地构建不同光谱可分性的地类图斑场景影像。根据土地利用变更调查与变化监测业务，本研究选取了建设用地、耕地、非耕农用地、未利用地和水体等五种地类图斑，按照每两类图斑构建一个场景，总共有 P_5^2 种场景、20 个模拟影像。后面的实验中，以这 20 个模拟影像为基础数据，改变其 *MTF* 值和 *SNR* 大小，得到一系列不同质量的模拟影像。

7.5 基础质量参数设置

表 7-2　模拟影像的基础质量参数设置

类别	值
模拟影像	20 个
MTF 值	0.001,0.002,0.003,…,0.25,0.30,…,0.45,0.50
SNR 值	1,2,3,…,99,100

对构建出的 20 个模拟影像，采用公式（5-2）所给出的频率域退化模型来改变其 *MTF* 值。实验中，本研究对 20 个模拟影像中每一个影像用 255 个不同 *MTF* 值来进行退化，*MTF* 值见表 7-2。共生成 20×255 个退化后影像（图 7-2）。对每一个退化后的影像加入均值为 0、标准差不同的高斯噪声，生成不同 *SNR* 大小的影像（图 7-3），*SNR* 值见表 7-2，共有 100 个 *SNR* 值。

五种地类图斑相互之间的 J—M 距离如表 7-3 所示。

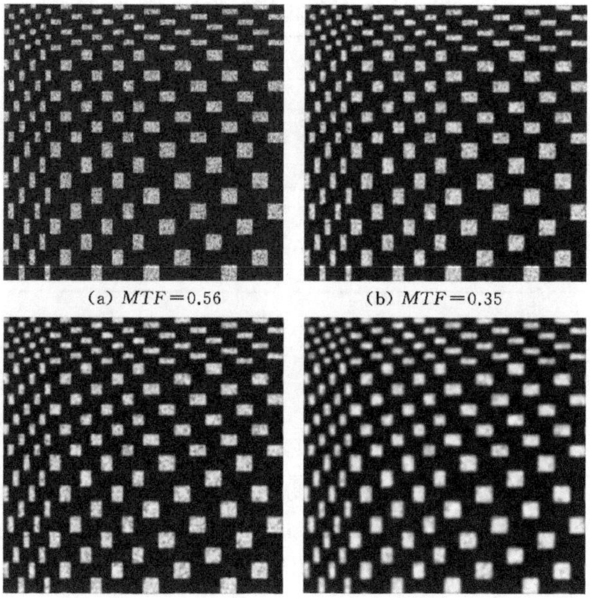

(a) $MTF=0.56$　(b) $MTF=0.35$

(c) $MTF=0.27$　(d) $MTF=0.15$

图 7-2　部分不同 MTF 值的模拟影像展示(建设用地—耕地)

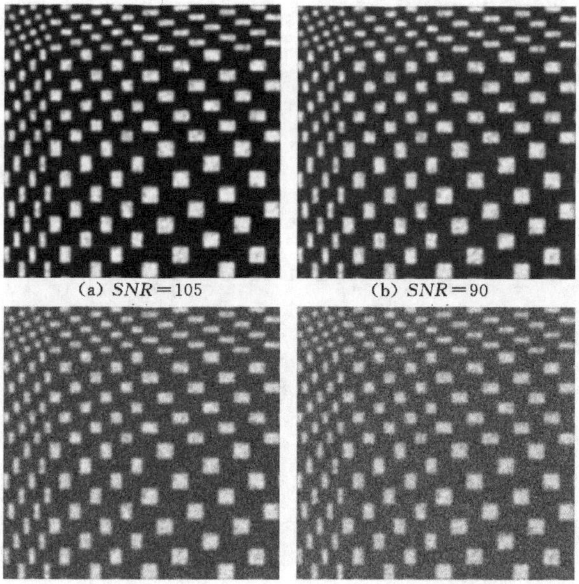

(a) $SNR=105$　(b) $SNR=90$

(c) $SNR=50$　(d) $SNR=15$

图 7-3　不同 SNR 值的模拟影像展示(建设用地—耕地)

表 7-3　地类图斑间 J—M 距离

	建设用地	耕地	非耕农用地	未利用地	水体
建设用地					
耕地	1.989 3				
非耕农用地	1.898 7	1.997 7			
未利用地	1.844 7	1.810 1	1.969 2		
水体	1.975 9	2.000 0	1.990 9	2.000 0	

7.6　影像分割

根据 *MTF*、*SNR* 和 J—M 距离三个参数的设置情况，共生成了 20×255×100 个模拟影像。对每一个模拟影像用多尺度分割方法来提取地类图斑。根据第 5 章和第 6 章的研究可知，分割参数组合（scale 10，shape 0.5，compactness 0.5）对于图斑提取是比较理想的，因此，本章采用此分割参数组合来进行影像分割，提取地类图斑。图 7-4 是部分建设用地—耕地场景的模拟影像分割结果展示。

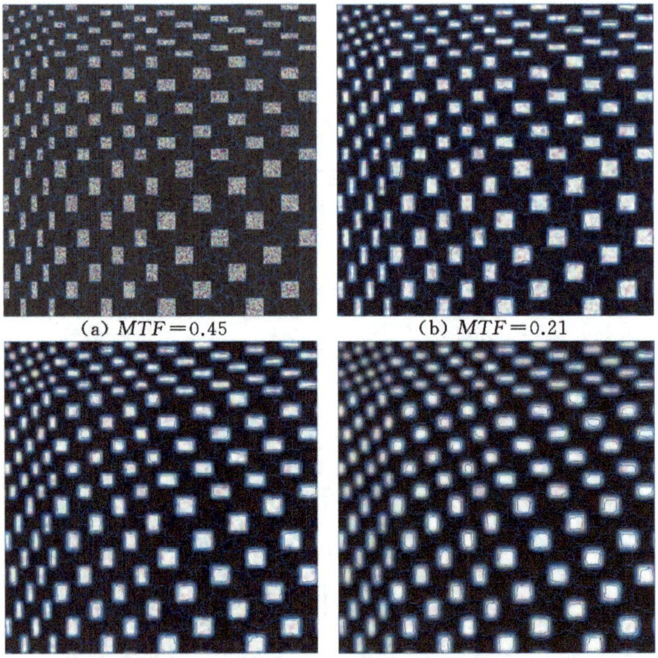

(a) *MTF*=0.45　(b) *MTF*=0.21

(c) *MTF*=0.17　(d) *MTF*=0.11

图 7-4　部分模拟影像的分割结果

7.7　地类图斑提取精度的度量

对于土地利用变更调查与变化监测业务来说，最重要的是影像上的地类图斑是否能被正确提取出来。实际操作中，经常会出现包含误差和丢失误差。因为地类图斑提取是通过影像分割操作完成的，所以根据第3章分割结果评价方法，本研究采用 *ADI* 指标来表达地类图斑的提取误差。*ADI* 值越小，则表明地类图斑提取精度越高；*ADI* 值越大，则表明地类图斑提取精度越低。

7.8　方程构建

将每一个模拟影像用多尺度分割方法分割后，计算出分割结果对应的 *ADI* 指标值，将其 *ADI* 值作为因变量，与对应的 *MTF*、*SNR* 和 J—M 参数值这些自变量一起，采用多元回归分析法，得出它们之间的回归关系。这里的一个关键问题是回归方程形式的确定。根据第5章实验结果可知 *ADI* 与 *MTF* 之间大致服从一种对数函数关系；根据第6章实验结果可知 *ADI* 与 *SNR* 之间大致服从一种指数为－1的幂函数关系。因此，为了使 *MTF*、*SNR* 和 J—M 参数线性化，本研究确定回归方程的形式为：

$$ADI = a + b \cdot \log_{10}\left(\frac{1}{MTF}\right) + c \cdot \left(\frac{1}{SNR}\right) + d \cdot log_{10}\left(\frac{1}{JM}\right) \tag{7-2}$$

式中，*ADI* 表示地类图斑的提取误差，其值越小，则表明地类图斑提取精度越高，从而影像的质量也越高；*MTF* 表示在奈奎斯特频率处的 *MTF* 值；*SNR* 表示信噪比大小[见公式(6-4)]；*JM* 表示地类间 J—M 距离；a 是常数项，b、c、d 是回归系数，且 a、b、c、d 都是通过回归分析后确定其值的大小。

因为实验中共生成了 20×255×100 个模拟影像，每一个模拟影像都对应一组(*MTF*、*SNR*、*JM*、*ADI*)值，因此，共有 20×255×100 组(*MTF*、*SNR*、*JM*、*ADI*)值。本研究选取了占总数85%的(*MTF*、*SNR*、*JM*、*ADI*)值，采用多元线性回归方法，去得到系数 a,b,c,d 的值：

$$ADI = 28.645\,1 + 6.125\,9 \cdot \log_{10}\left(\frac{1}{MTF}\right) + 3.834\,6 \cdot \left(\frac{1}{SNR}\right) + 94.912\,2 \cdot \log_{10}\left(\frac{1}{JM}\right) \tag{7-3}$$

利用剩余15%的(*MTF*、*SNR*、*JM*、*ADI*)值，来验证方程(7-3)的有效性。预测出的 *ADI* 值与实际 *ADI* 值之间的相关系数为 0.982 1，均方根误差 RMSE

为 0.157 4，这个结果是比较理想的。因此，回归出来的影像质量方程(7-3)是可以接受的。

在已知影像所包含的 *MTF* 值、*SNR* 值以及两地类间可分性 J—M 距离的情况下，可以应用方程(7-3)预测出地类图斑被错误提取的误差。应该指出，在本研究实验过程中，采用建设用地、耕地、非耕农用地、未利用地和水体五种地类作为研究对象，并没有去严格定义各类别地类图斑，而只是考虑了这五种地类图斑之间的光谱可分特性，但这并不影响方程(7-3)的有效性。在实际影像中地类图斑类别有很多，光谱特性也是千差万别，这需要在以后的研究中进一步探讨，用一个什么样的参数指标来定义地类图斑的这些差别，以便更好地完善针对土地利用地类图斑提取的影像质量方程。

7.9 验证

影像质量方程(7-3)是用模拟影像得出的，其有效性需要用真实影像数据来进行验证。与前面验证一样，本研究同样选取 2002 年 4 月唐山市某地区的 IKONOS-2 真实影像(图 5-11)来进行验证工作。地面参考数据同样是利用土地利用现状图和全色波段影像人工解译共同来获得。

通过在影像上选取满足条件的直线边，利用刃边法测定出影像所对应的 *MTF* 值。利用改进的局部方差法测定出影像所包含的 *SNR* 大小。计算影像上选取的建设用地、耕地、非耕农用地、未利用地和水体等五种地类间的光谱可分性 J—M 距离值。和模拟影像一样，采用高斯低通滤波模型来退化真实影像，在此基础上，加入均值为 0、标准差不同的高斯噪声，改变其 *SNR* 值，得到一系列降质过的影像。采用最优分割参数组合 Scale 100、Shape 0.5 和 Compactness 0.5 来进行分割，提取各地类图斑，用 *ADI* 指标来度量各地类图斑的提取误差。将实验得的 *ADI* 值与用方程(7-3)预测出的 *ADI* 值进行对比，来验证方程(7-3)的有效性。

考虑到真实影像上地类图斑的空间分布，本研究选取了三种情况来进行验证，即：建设用地—耕地、非耕农用地—耕地、未利用地—耕地。利用方程(7-3)预测的提取误差 *ADI* 与实测的 *ADI* 之间的对比关系如图 7-5 所示。

从图 7-5 结果可以看出，用真实 IKONOS-2 影像实测出的 *ADI* 值与用方程(7-3)所预测出的 *ADI* 值之间基本满足线性关系，两者间的相关系数大于 0.89。“未利用地—耕地”的提取误差比较大，主要原因是影像上这两种地类间光谱差异性小，且实际边界不好确定。三种场景得出的相关系数没有用模拟数据得出的相关系数高，这可能是由实验过程中一些误差(例如：*MTF* 测定误差、

SNR 测定误差等)所造成,也有可能是受真实影像成像过程中其他一些因素影响。但不管怎样,通过本次实验的验证,证明了本研究所得出的针对土地利用图斑提取的影像质量方程(7-3)是有效的。更深入的验证工作,需要在今后更多地开展。

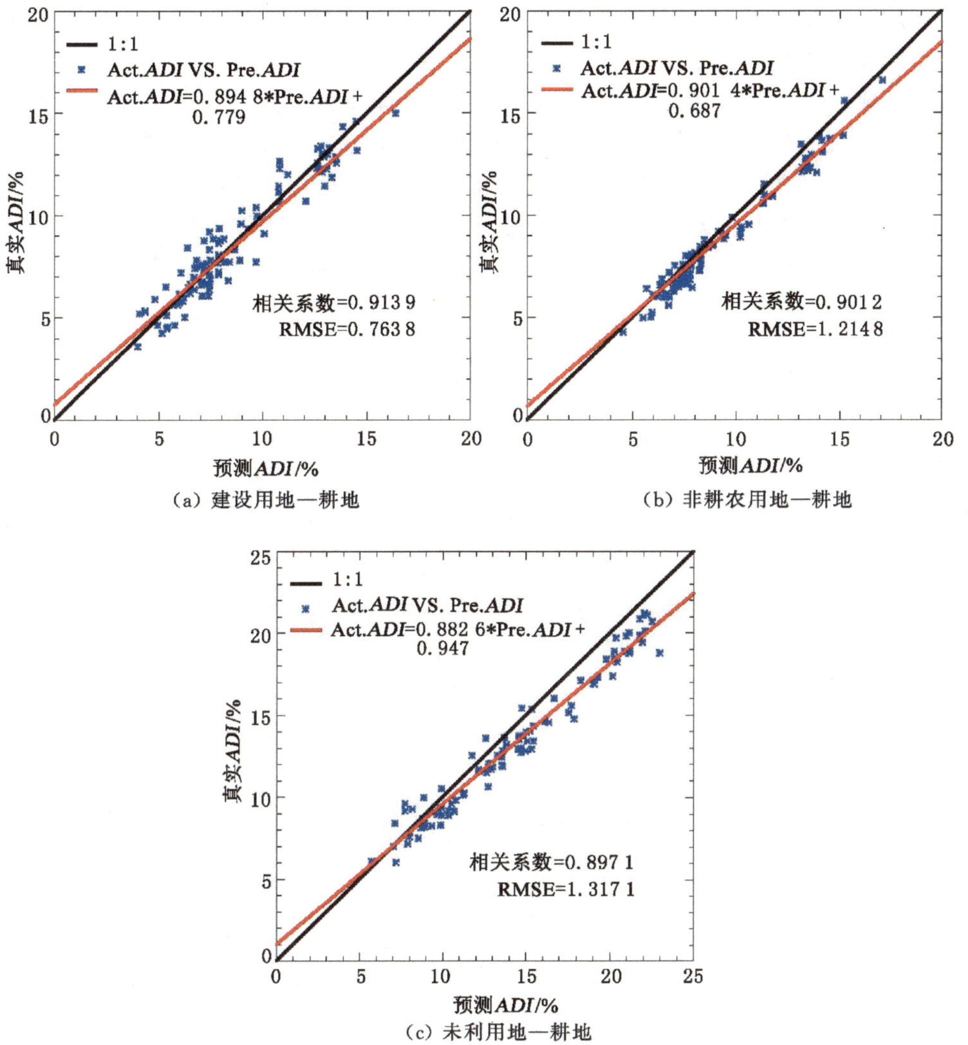

(a) 建设用地—耕地

(b) 非耕农用地—耕地

(c) 未利用地—耕地

图 7-5　IKONOS-2 影像上预测的 *ADI* 值与实际 *ADI* 值之间的散点图

7.10　本章小结

本章在前面章节研究基础之上，从土地利用变更调查与变化监测业务出发，综合考虑 *MTF*、*SNR* 和地类间 J—M 距离等三个参数的影响，构建出了针对土地利用变更调查与变化监测业务地类图斑提取的影像质量方程。通过用真实 IKONOS-2 影像进行验证，证明了方程的有效性。由于地类图斑的类别和光谱特征的复杂性，以及遥感影像本身的不确定性，本影像质量方程的适用性还有待进一步验证或完善，方程中四个常数的值需要通过更多的实验来加以检验。另外，本研究一直在思考如何使模拟出的影像更加接近真实高空间分辨率遥感影像，例如，正确地加入纹理信息、景观指数信息等。利用这些更加逼真的模拟影像进行实验，完善构建出的影像质量方程，使它更加具有说服力，这将是下一步需要深入研究的课题。

第 8 章　结论与展望

8.1 主要研究成果和结论

高空间分辨率遥感影像由于能够表达更详细的下垫面信息，被广泛应用于各个行业。在土地利用变更调查与变化监测业务中，高空间分辨率遥感影像与传统的航空数据相比，具有成本较低和连续观测的特点，且受天气和地形等条件影响较小，因此，它已慢慢成为这项业务必不可少的数据源。本研究以服务于土地利用变更调查与变化监测业务为出发点，从数据的基础质量和数据对地类图斑的提取能力两个层次详细探讨了高空间分辨率遥感影像的质量。具体的研究工作和结果体现在以下几个方面。

8.1.1　改进了高空间分辨率遥感影像的基础质量评价方法

针对现有的高空间分辨率遥感影像基础质量评价方法不完善的问题，重点探讨了 MTF 和 SNR 这两个基础质量参数的测定方法，并用实验进行了方法可靠性的验证。从刃边地物选取和影像噪声去除等方面改进了测定 MTF 的刃边法。针对高空间分辨率遥感影像具有很强的空间细节信息、边缘信息和纹理信息的特点，提出了用改进的局部方差法来测定数据的信噪比。

8.1.2　提出了综合考虑图斑面积和位置的高空间分辨率遥感影像分割质量评价方法

对于不同的应用需求，遥感影像的应用能力表现形式不同，如目标识别能力、检测能力、分类精度等。本研究主要研究高空间分辨率遥感影像对土地利用地类图斑提取的精度。地类图斑的提取又是通过影像分割操作来完成的。因此，本研究针对土地利用变更调查与变化监测业务对地类图斑提取的需求，从影像分割质量评价的角度，提出了基于面积差异和位置差异的影像分割质量评价方法与指标，来度量高空间分辨率遥感影像的地类图斑提取精度。首先将与参考对象影像区域相交的所有分割对象，按照它们与参考对象之间的空间位置关系和相交的面积大小，分为“Good”对象、“Expanding”对象和“Invading”对象。然后，将所有“Good”对象和“Expanding”对象作为一个整体，计算参考对象与之相比所丢失的面积比例和包含进的面积比例，并用 *ADI* 指标来统一表示。同样，比较参考对象与“Good”对象和“Expanding”对象整体之间的位置关系，用 *PDI* 指标来表示。通过实验证明：应用本研究的评价方法，能够更加客观地反映影像的分割质量；同时，与现有大部分方法相比，它的适用性更强，更容易操作。

8.1.3 提出了一种新的以对象为评价单元的高空间分辨率遥感影像分类精度评价方法

针对现有基于像元和基于分割对象样本的误差矩阵分类精度评价方法的不足，本研究提出了以对象为评价单元，并全面考虑对象内部所有类别子对象情况的分类精度评价方法。实验结果表明：相对于现有方法，该方法更能客观和准确地表达影像分类精度。所构建的 *BI* 和 *LI* 指标相当稳定。*BI* 和 *LI* 指标不仅可以用来表达整个遥感影像或某一类别的分类精度，而且可以用来表达单个分割对象或单个参考对象的分类精度。

8.1.4 定量评价了高空间分辨率遥感影像的基础质量参数对土地利用图斑提取精度的影响

针对现有高空间分辨率遥感影像质量评价侧重于基础质量参数的评价，而缺乏对数据应用能力评价的现状，尝试性地从数据的应用能力角度来评价高空间分辨率遥感影像的质量，建立了数据的基础质量参数与数据的地类图斑提取精度之间的关系。本研究针对土地利用变更调查与变化监测业务，重点研究了 *MTF* 和 *SNR* 这两个基础质量参数与数据的地类图斑提取精度之间的关系。首先用模拟的高空间分辨率影像数据，通过控制其 *MTF* 值大小，分析不同 *MTF* 值条件下地类图斑提取精度的变化，得出二者之间的变化规律，并用真实高空间分辨率影像数据进行验证，结果表明：当 *MTF* 值减小时，地类图斑提取精度随着降低，且不同地类图斑提取精度降低的幅度不尽相同；当 *MTF* 减小到 0.25 以后，地类图斑提取精度降低呈现明显加快趋势。然后，用相同的模拟高空间分辨率影像数据，通过控制其 *SNR* 值大小，分析不同 *SNR* 值条件下地类图斑提取精度的变化，得出二者之间的变化规律，并用相同的真实高空间分辨率影像数据进行验证，结果表明：当不断减小影像 *SNR*，地类图斑提取精度呈降低趋势，且不同地类图斑组合所表现出的降低幅度不尽相同；当 *SNR* 减小到 10 以后，地类图斑提取精度降低呈现明显加快趋势。

8.1.5　建立了针对土地利用图斑提取的高空间分辨率遥感影像的影像质量方程

综合考虑 MTF、SNR 和地类间光谱可分性 J—M 距离这三个参数的影响，利用模拟影像数据，采用多元线性回归分析方法，得出了三个参数与数据的地类图斑提取精度之间的回归关系，建立了适用于高空间分辨率遥感影像土地利用地类图斑提取精度评价的影像质量方程，并通过案例验证了方程的有效性。

8.2　创新点

针对土地利用变更调查与变化监测业务，开展高空间分辨率遥感影像的质量评价研究，本研究的主要创新点如下：

(1) 从刃边选取和降低噪声影响两方面改进了高空间分辨率遥感影像的 MTF 测定方法；针对高空间分辨率遥感影像的特点，提出了基于自适应子区间的高分数据噪声估计方法。

(2) 在影像分割质量评价方面，提出了综合考虑参考对象与分割对象之间的面积差异和位置差异的评价方法。与现有评价方法相比，本方法对结果的评价更加客观，它的适用性更强，更容易操作。

(3) 在影像分类精度评价方面，提出了以对象为评价单元，并全面考虑对象内部所有类别子对象情况的分类精度评价方法。与现有评价方法相比，本方法对影像分类精度评价更加客观和准确，所构建的指标相对稳定。

(4) 在高空间分辨率遥感影像的应用能力评价方面，针对土地利用变更调查与变化监测业务，分析并模拟了基础质量参数对高分数据地类图斑提取精度的影响，建立了针对土地利用图斑提取的影像质量方程。

8.3　问题与展望

针对应用来评价高空间分辨率遥感影像的质量，是一个很具有挑战性的研究课题，有很多重要的理论和方法问题需要解决。本研究在高空间分辨率遥感影像的质量评价方面进行了一些初步的研究工作，其中有些方法和观点需要进一步考究和验证，更有许多工作需要进一步开展。根据作者在研究过程中的理解、思考和总结，认为今后需要在以下几个方面进一步开展研究：

(1) 更全面地分析遥感影像基础质量参数对数据应用能力的影响。虽然本研究针对土地利用变更调查与变化监测业务，详细分析了三个重要的基础质量参数对数据的地类图斑提取精度的影响。但遥感影像获取是一个很复杂的过程，其中有很多基础质量参数会影响数据的地类图斑提取精度，且每个基础质量参数的影响理论上是不一样的。在有限时间内不可能对所有基础质量参数的影响进行分析，这需要在今后的研究中继续探讨其他各个基础质量参数对数据的地类图斑提取精度的影响，并分析不同基础质量参数间的影响关系，以期建立一个更加全面、更加完整的评价体系，这样可以更加客观地反映高空间分辨率遥感影像的应用能力。

(2) 在数据模拟过程中加入更多的真实高空间分辨率遥感影像信息。本研究通过在基础影像中加入真实高空间分辨率遥感影像的光谱信息来生成模拟数据，一方面可以表达影像上地类的空间分布格局，另一方面可以保持真实高空间分辨率遥感影像的光谱信息，这是一个比较可行的方法。如果能在此基础上，再更多地加入真实数据的空间信息和纹理信息等，将会使模拟出来的数据更加接近于真实高空间分辨率遥感影像的特征，从而使实验结果更加具有说服力。

(3) 更健全的影像质量方程的建立。本研究通过多元回归分析方法，建立了三个重要的基础质量参数与数据的地类图斑提取精度之间的方程，并经过实验验证，证明了它的有效性。还需要对其他的基础质量参数影响进行分析，尽可能引入更多的基础质量参数来完善现有的影像质量方程，并对各个参数的敏感性进行详细分析。另外，在构建影像质量方程时，本研究主要考虑的是有两种类型土地利用图斑存在的情形，而对于有多种类型土地利用图斑同时存在的情形，现有影像质量方程是否适用，或者如何修正现有的影像质量方程使其适用性更强，这些都是今后需要进一步研究的内容。

(4) 开展更多的影像质量方程验证工作。本研究以 IKONOS 高空间分辨率遥感影像作为研究对象，建立了针对土地利用变更调查与变化监测业务地类图斑提取的影像质量方程。方程的适用性，需要在后期研究中，用其他卫星高空间分辨率遥感影像来验证。通过验证，来调整或修正影像质量方程的系数。甚至，将本研究的整个研究思路移植到高空间分辨率遥感影像的其他应用方面，构建更多类似的影像质量方程。

参考文献

[1] 柏延臣,王劲峰.遥感信息的不确定性研究——分类与尺度效应模型[M].北京:地质出版社,2003.

[2] 陈正超,罗文斐,张浩,等.北京一号小卫星多光谱图像波段配准和图像变形评价[J].遥感学报,2006,10(5):690-696.

[3] 刘臻,宫鹏,史培军.基于分层多模板匹配的影像自动配准方法研究[J].计算机应用,2005,25(2):322-325.

[4] 韦燕凤,赵忠明,闫冬梅,等.基于特征的遥感图像自动配准算法[J].电子学报,2005,33(1):161-165.

[5] 于海洋,甘甫平,党福星.高分辨率遥感影像波段配准误差试验分析[J].国土资源遥感,2007(3):39-43.

[6] 赵立初,施鹏飞,俞勇,等.模板图像匹配中的亚像元定位新方法[J].红外与毫米波学报,1999,18(5):407-411.

[7] ALBRECHT F, LANG S, HÖLBLING D. Spatial accuracy assessment of object boundaries for object-based image analysis[C]. In: The International Archives of the Photogrammetry, Remote Sensing and Spatial Information Sciences. Ghent, Belgium, 2010: 1-6.

[8] ASMAT A, ATKINSON P M, FOODY G M. Geostatistically estimated image noise is a function of variance in the underlying signal[J]. International journal of remote sensing, 2010, 31(4): 1009-1025.

[9] ATKINSON P M, SARGENT I M, FOODY G M, et al. Exploring the geostatistical method for estimating the signal-to-noise ratio of images[J]. Photogrammetric engineering & remote sensing, 2007, 73(7): 841-850.

[10] ATKINSON P M, SARGENT I M, FOODY G M, et al. Interpreting image-based methods for estimating the signal-to-noise ratio[J]. International journal of remote sensing, 2005, 26(22): 5099-5115.

[11] ATKINSON P M. Technical note on estimating measurement error in remotely sensed images with the variogram[J]. International journal of re-

mote sensing,1997,18(14):3075-3084.
[12] BALTSAVIAS E,PATERAKI M,ZHANG L.Radiometric and geometric evaluation of IKONOS geo images and their use for 3D building modeling[C].In:Joint ISPRS Workshop High Resolution Mapping from Space 2001.Hannover,Germany,2001: 1-21.
[13] BENZ U C,HOFMANN P,WILLHAUCK G,et al.Multi-resolution,object-oriented fuzzy analysis of remote sensing data for GIS-ready information[J].ISPRS journal of photogrammetry and remote sensing,2004, 58 (3):239-258.
[14] BHASKARAN S,PARAMANANDA S,RAMNARAYAN M.Per-pixel and object-oriented classification methods for mapping urban features using IKONOS satellite data[J].Applied geography,2010,30(4):650-665.
[15] BLANCHARD S D,JAKUBOWSKI M K,KELLY M.Object-based image analysis of downed logs in disturbed forested landscapes using Lidar[J]. Remote sensing,2012(3):2420-2439.
[16] BLASCHKE T,BURNETT C,PEKKARINEN A.Image segmentation methods for object-based analysis and classification[J].Remote sensing and digital image processing,2006(5):211-236.
[17] BLASCHKE T,HAY G J,KELLY M,et al.Geographic object-based image analysis-towards a new paradigm[J].ISPRS journal of photogrammetry and remote sensing,2014,87:180-191.
[18] BLASCHKE T,LANG S,LORUP E,et al.Object-oriented image processing in an integrated GIS/remote sensing environment and perspectives for environmental applications[C].In: Environmental Information for Planning,Politics and the Public.Marburg,2000:555-570.
[19] BLASCHKE T.Object based image analysis for remote sensing[J].ISPRS journal of photogrammetry & remote sensing,2010,65(1):2-16.
[20] CAMPBELL J.Introduction to remote sensing [M].4th ed.New York: The Guilford Press,2007.
[21] CARLEER A P,DEBEIR O,WOLFF E.Assessment of very high spatial resolution satellite image segmentations [J]. Photogrammetric engineering and remote sensing,2005,71(11):1285-1294.
[22] CASEY J T,KEREKES J P.Misregistration impacts on hyperspectral target detection[J].Journal of applied remote sensing,2009,3(1): 033513.

[23] CASTILLEJO-GONZÁLÓEZ I L, LÓPEZ-GRANADOS F, GARCÍA-FERRER A, et al. Object- and pixel-based analysis for mapping crops and their agro-environmental associated measures using QuickBird imagery [J]. Computers and electronics in agriculture, 2009, 68(2): 207-215.

[24] CHEN F, MA J, CHAN J C W, et al. Quantitative measurement of the homogeneity and contrast of step edges in the estimation of the point spread function of a satellite image [J]. International journal of remote sensing, 2011, 32(22): 7179-7201.

[25] CHEN J, PAN D, MAO Z. Optimum segmentation of simple objects in high-resolution remote sensing imagery in coastal areas [J]. Science in China series D: Earth science, 2006, 49(11): 1195-1203.

[26] CHENG J H, BO Y C, JI X L. Effect of Modulation Transfer Function on high spatial resolution remote sensing imagery segmentation quality [C]. In: 2012 Second International Workshop on Earth Observation and Remote Sensing Application. Shanghai, 2012: 149-152.

[27] CHENG J H, BO Y C, ZHU Y X, et al. A novel method for assessing the segmentation quality of high-spatial resolution remote-sensing images [J]. International journal of remote sensing, 2014, 35(10): 3816-3839.

[28] CHOI T. IKONOS satellite on orbit Modulation Transfer Function (MTF) measurement using edge and pulse method [D]. Brookings: South Dakota State University, 2002.

[29] CLINTON N, HOLT A, SCARBOROUGH J, et al. Accuracy assessment measures for object-based image segmentation goodness [J]. Photogrammetric engineering and remote sensing, 2010, 76(3): 289-299.

[30] CONGALTON R G, GREEN K. Assessing the accuracy of remotely sensed data: principles and practices [M]. Boca Raton: CRC Press, 2008.

[31] COOK M K, PETERSON B A, DIAL G, et al. IKONOS technical performance assessment [C]. In: Proceedings of SPIE: Algorithms for Multispectral, Hyperspectral, and Ultraspectral Imagery VII. Orlando, 2001: 94-108.

[32] CORNER B R, NARAYANAN R M, REICHENBACH S E. Noise estimation in remote sensing imagery using data masking [J]. International journal of remote sensing, 2003, 24(4): 689-702.

[33] COSTA H, FOODY G M, BOYD D S. Supervised methods of image seg-

mentation accuracy assessment in land cover mapping[J].Remote sensing of environment,2018,205:338-351.

[34] COSTA H,FOODY G M,BOYD D S.Using mixed objects in the training of object-based image classifications[J].Remote sensing of environment, 2017,190:188-197.

[35] CRESPI M,DE VENDICTIS L.A procedure for high resolution satellite imagery quality assessment[J].Sensors,2009,9(5):3289-3313.

[36] CURRAN P J,DUNGAN J L.Estimation of signal-to-noise:a new procedure applied to AVIRIS data[J].IEEE transactions on geoscience and remote sensing,1989,27(5):620-628.

[37] CUSHINE K L,ATKINSON P.Effect of spatial filtering on scene noise and boundary detail in Thematic Mapper Imagery[J].Photogrammetric engineering and remote sensing,1985,51(1):1483-1493.

[38] DELVES L M, WILKINSON R, OLIVER C J, et al.Comparing the performance of SAR image segmenation algorithms[J].International journal of remote sensing,1992,13(11):2121-2149.

[39] DELVIT J M,LEGER D,ROQUES S,et al.Modulation transfer function estimation from nonspecific images[J]. Optical engineering, 2004, 43: 1355-1365.

[40] DELVIT J M,ROQUES S,et al.Signal to noise ratio assessment from non specific views[C]. In: Image and Signal Processing for Remote Sensing Ⅵ.SPIE,2002: 370-381.

[41] DESCLÉE B, BOGAERT P, DEFOURNY P.Forest change detection by statistical object-based method[J].Remote sensing of environment,2006, 102:1-11.

[42] DIAL G,BOWEN H,GERLACH F,et al.IKONOS satellite,imagery,and products[J].Remote sensing of environment,2003,88:23-36.

[43] D'OLEIRE-OLTMANNS S, MARZOLFF I, TIEDE D, et al.Detection of Gully-Affected areas by applying Object-Based Image Analysis (OBIA) in the region of Taroudannt, Morocco[J]. Remote sensing, 2014, 6(9): 8287-8309.

[44] FIETE R D,TANTALO T A.Comparison of SNR image quality metrics for remote sensing systems[J].Optical engineering,2001,40(4):574-585.

[45] FIETE R D,TANTALO T A.Image quality of increased along-scan sam-

pling for remote sensing systems[J]. Optical engineering, 1999, 8(5): 815-820.

[46] FOODY G M, ATKINSON P M. Uncertainty in remote sensing and GIS [M]. Chichester: John Wiley & Sons, 2002.

[47] FU Z L, SUN Y J, FAN L, et al. Multiscale and multifeature segmentation of high-spatial resolution remote sensing images using superpixels with mutual optimal strategy[J]. Remote sensing, 2018, 10 (8): 1289.

[48] GAETANO R, MASI G, POGGI G, et al. Marker-controlled watershed-based segmentation of multiresolution remote sensing images[J]. IEEE Transactions on geoscience and remote sensing, 2015, 53 (6): 2987-3004.

[49] GAO B C. An operational method for estimating signal to noise ratios from data acquired with imaging spectrometers[J]. Remote sensing of environment, 1993, 43: 23-33.

[50] GEORGANOS S, GRIPPA T, LENNERT M, et al. Scale matters: spatially partitioned unsupervised segmentation parameter optimization for large and heterogeneous satellite images[J]. Remote sensing, 2018, 10 (9): 1440.

[51] GONZALEZ R C, WOODS R E. Digital image processing[M]. 4th ed. Boston: Pearson, 2017.

[52] GRUNBLATT J. An MTF analysis of Landsat classification error at field boundaries[J]. Photogrammetric engineering and remote sensing, 1987, 53(6): 639-643.

[53] HAY G J, BLASCHKE T, MARCEAU D, et al. A comparison of three image-object methods for the multiscale analysis of landscape structure [J]. ISPRS journal of photogrammetry & remote sensing, 2003, 57: 327-345.

[54] HAY G J, CASTILLA G, WULDER M A, et al. An automated object-based approach for the multiscale image segmentation of forest scenes [J]. International journal of applied earth observation and geoinformation, 2005(7): 339-359.

[55] HAY G J, CASTILLA G. Object-based image analysis: strengths, weaknesses, opportunities and threats (SWOT)[C]. In: The International Archives of the Photogrammetry, Remote Sensing and Spatial Information Sciences (ISPRS) Commission V1. Salzburg, 2006: 1-3.

[56] HELDER D. On-orbit Modulation Transfer Function estimation[R]. Image Processing Lab,South Dakota State University,2011: 1-25.

[57] HÖLBLING D,FÜREDER P,ANTOLINI F,et al.A semi-automated object-based approach for landslide detection validated by Persistent Scatterer Interferometry measures and landslide inventories [J]. Remote sensing,2012(4):1310-1336.

[58] HUANG C, TOWNSHEND J R G, LIANG S, et al. Impact of sensor's point spread function on land cover characterization-assessment and deconvolution[J].Remote sensing of environment,2002,80:203-212.

[59] IM J,JENSEN J R,TULLIS J A.Object-based change detection using correlation image analysis and image segmentation[J].International Journal of remote sensing,2008,29(2):399-423.

[60] Image Resolution Assessment and Reporting Standards (IRARS) Committee.Civil NIIRS Reference Guide[EB/OL].(1996-03). http://www.fas.org/irp/imint/niirs_c/guide.htm.

[61] INGEMAR J C,KMSKAL J B,WALLACH D A.Predicting and estimating the accuracy of a subpixel registration algorithm[J].IEEE trans.on pattern analysis and machine intelligence,1990,12(8):721-734.

[62] JI X.Research on the method of accuracy assessment of the object-based classification from remotely sensed data[D].Beijing: Beijing Normal University,2012.

[63] JOHNSON B,BRAGAIS M,ENDO,et al.Image segmentation parameter optimization considering within- and between-segment heterogeneity at multiple scale levels: test case for mapping residential areas using landsat imagery[J].ISPRS international journal of geo-information,2015(4):2292-2305.

[64] JOHNSON B, XIE Z. Unsupervised image segmentation evaluation and refinement using a multi-scale approach[J].ISPRS journal of photogrammetry and remote sensing,2011,66(4):473-483.

[65] JOHNSON B,XIE Z.Classifying a high resolution image of an urban area using super-object information[J]. ISPRS journal of photogrammetry and remote sensing,2015,5(8):40-49.

[66] KAVZOGLU T.Simulating Landsat ETM + imagery using DAIS 7915 hyperspectral scanner data[J].International journal of remote sensing,

2004,25(22):5049-5067.

[67] KE Y H,QUACKENBUSH L J,IM J.Synergistic use of QuickBird multispectral imagery and LIDAR data for object-based forest species classification[J].Remote sensing of environment,2010,114 (6):1141-1154.

[68] KEREKES J P, HSU S M. Spectral quality metrics for terrain classification[C]. In: Proceedings of Imaging Spectrometry X. SPIE, 2004b: 382-389.

[69] KEREKES J P,HSU S M.Spectral quality metrics for VNIR and SWIR hyperspectral imagery[C]. In: Algorithms and Technologies for Multispectral, Hyperspectral, and Ultraspectral Imagery X. SPIE, 2004a: 549-557.

[70] KIM T,KIM J I.Automated assessment of NIIRS and GRD of high resolution satellite images through edge profile analysis of natural targets [R].Image Engineering Lab,Inha University,2011:1-29.

[71] KOHM K.Modulation transfer function measurement method and results for the Orbview-3 high resolution imaging satellite[J].IAPRS,2004,35: 7-12.

[72] LANG S,SCHÖPFER E,LANGANKE T.Combined object-based classification and manual interpretation-Synergies for a quantitative assessment of parcels and biotopes[J].Geocarto international,2009,24(2):99-114.

[73] LEACHTENAUER J C,DRIGGERS R G.Surveillance and reconnaissance image systems-modeling and performance prediction[M].Norwood: Artech House,2001.

[74] LEACHTENAUER J C, MALILA W, IRVINE J, et al. General image-quality equation: GIQE[J].Applied optics,1997,36(32):8322-8328.

[75] LEACHTENAUER J C, MALILA W, IRVINE J, et al. General image-quality equation for infrared imagery[J]. Applied optics, 2000, 39(26): 4826-4828.

[76] LEE J S,HOPPEL K.Noise modeling and estimation of remotely-sensed images[C]. In: Proceedings of the International Geoscience and Remote Sensing Symposium. Vancouver,1989:1005-1008.

[77] LEVINE M D, NAZIF A M. An experimental rule based system for testing low level segmentation strategies[M]. New York : Academic Press,1982.

[78] LI X,JIANG X,ZHOU C,et al.An analysis of the knife-edge method for on-orbit MTF estimation of optical sensors[J].International journal of remote sensing,2010,31(17-18):4995-5011.

[79] LUCIEER A,STEIN A.Existential uncertainty of spatial objects segmented from satellite sensor imagery[J].IEEE transactions on geoscience and remote sensing,2002,40(11):2518-2521.

[80] MA L,LI M,BLASCHKE T,et al.Object-based change detection in urban areas:the effects of segmentation strategy,scale,and feature space on unsupervised methods[J].Remote sensing,2016,8(9):761.

[81] MANSLOW J F,NIXON M S.On the ambiguity induced by a remote sensor's PSF[M]// Foody G M,Atkinson P M.Uncertainty in Remote Sensing and GIS.Chichester: John Wiley & Sons,2002.

[82] MARçAL A R S,RODRIGUES A S.A method for multi-spectral image segmentation evaluation based on synthetic images[J].Computers & geosciences,2009,35(8):1574-1581.

[83] MEER P,JOLION J M,ROSENFELD A.A fast parallel algorithm for blind estimation of noise variance[J].IEEE trans.pattern anal.machine intelligence,1990(12):216-223.

[84] MEINEL G,NEUBERT M.A comparison of segmentation programs for high resolution remote sensing image[J].International archives of the ISPRS,2004,35:1097-1105.

[85] MICHEL J,YOUSSEFI D,GRIZONNET M.Stable mean-shift algorithm and its application to the segmentation of arbitrarily large remote sensing images[J]. IEEE transactions on geoscience and remote sensing,2015,53(2):952-964.

[86] MOLENAAR M.An introduction to the theory of spatial object modeling for GIS[M].London: Tayler & Francis,1998.

[87] MöLLER M,LYMBURNER L,VOLK M.The comparison index: a tool for assessing the accuracy of image segmentation[J].International journal of applied earth observation and geoinformation,2007(9):311-321.

[88] MYINT S W,GOBER P,BRAZEL A,et al.Per-pixel vs.object-based classification of urban land cover extraction using high spatial resolution imagery[J].Remote sensing of environment,2011,115:1145-1161.

[89] NEUBERT M,MEINEL G.Evaluation of segmentation programs for high

resolution remote sensing applications[C]. In: Proceedings of the Joint ISPRS/EARSel Workshop High Resolution Mapping from Sapce. Hanover, 2003: 1-8.

[90] NOVACK T, ESCH T, KUX H, et al. Machine learning comparison between WorldView-2 and QuickBird-2-simulated imagery regarding object-based urban land cover classification[J]. Remote sensing, 2011, 3(12): 2263-2282.

[91] PAGNUTTI M, BLONSKI S, HOLEKAMP K, et al. Measurement Sets and Sites Commonly Used for High Spatial Resolution Image Product Characterization[R]. 2006EO/IR Calibration and Characterization Workshop, Stennis Space Center, 2006.

[92] PAL M. Random forest classifier for remote sensing classification[J]. International journal of remote sensing, 2005, 26(1): 217-222.

[93] PATRA S K, MISHRA N, CHANDRAKANTH R, et al. Image quality improvement through MTF compensation-a treatment to high resolution data[J]. Indian cartographer, 2002(15): 86-93.

[94] PU R, LANDRY S. A comparative analysis of high spatial resolution IKONOS and WorldView-2 imagery for mapping urban tree species[J]. Remote sensing of environment, 2012, 124: 516-533.

[95] RADOUX J, DEFOURNY P. A quantitative assessment of boundaries in automated forest stand delineation using very high resolution imagery[J]. Remote sensing of environment, 2007, 110: 468-475.

[96] RAGIA L, WINTER S. Contributions to a quality description of a real objects in spatial data sets[J]. ISPRS journal of photogrammetry & remote sensing, 2000, 55(3): 201-213.

[97] RANGASWAMY M K. Quickbird Ⅱ-Two-dimensional on-orbit modulation transfer function analysis using convex mirror arra[R]. South Dakota State University, 2003.

[98] ROGER R E, ARNOLD J F. Reliably estimating the noise in AVIRIS hyperspectral images[J]. International journal of remote sensing, 1996, 17(10): 1951-1962.

[99] RUSS J C. The Image Processing Handbook[M]. Boca Raton: CRC Press, 2007.

[100] RYAN R, BALDRIDGE B, SCHOWENGERDT R A, et al. IKONOS

spatial resolution and image interpretability characterization[J].Remote sensing of environment,2003,88:37-52.

[101] SCHIEWE J,TUFTE L,EHLERS M.Potential and problems of multi-scale segmentation methods in remote sensing[J].GIS zeitschrift für geo-informations-systeme,2001(6):34-39.

[102] SCHÖPFER E,LANG S,ALBRECHT F.Object-fate analysis: Spatial relationships for the assessment of object transition and correspondence [M]// Blaschke T, Lang S, Hay G J.Object Based Image Analysis-Spatial concepts for knowledge-driven remote sensing applications.New York: Springer,2008:785-801.

[103] SCHöPFER E,LANG S.Object fate analysis-a virtual overlay method for the categorisation of object transition and object-based accuracy assessment[C].In:Proceedings of 1st International Conference on Object-based Image Analysis (OBIA 2006).Salzburg,2006:1-6.

[104] SCHOTT J R.Remote sensing:The image chain approach[M].2nd ed. New York: Oxford University Press,2007.

[105] SCHOWENGERDT R A.Remote sensing models and methods for image processing[M].3rd ed.San Diego: Academic Press,2007.

[106] SHEN S S.Spectral quality equation relating collection parameters to object/anomaly detection performance[C].In:Algorithms and Technologies for Multispectral,Hyperspectral,and Ultraspectral Imagery Ⅸ.SPIE,2003:29-36.

[107] SHEN S S.Spectral quality equation relating collection parameters to Material Identification Performance[C].In: Algorithms and Technologies for Multispectral,Hyperspectral,and Ultraspectral Imagery Ⅸ.SPIE,2005:448-456.

[108] SIMMONS R E,ELDER T D,STEWART D J,et al.General spectral utility metric for spectral imagery[C].In:Algorithms and Technologies for Multispectral, Hyperspectral, and Ultraspectral Imagery Ⅸ.SPIE, 2005: 457-468.

[109] STEFANOU M S,KEREKES J P.A method for assessing spectral image utility[J].IEEE transactions on geoscience and remote sensing,2009,47(6):1698-1706.

[110] STEFANOU M S,KEREKES J P.Image-derived prediction of spectral

image utility for target detection applications[J].IEEE transactions on geoscience and remote sensing,2010,48(4):1827-1833.

[111] STEFANOU M S,KEREKES J P.Spectral image utility prediction[C]. In:International Geoscience and Remote Sensing Symposium.Barcelona, 2007:2800-2803.

[112] STEFANOU M S.Spectral image utility for target detection applications [D].Rochester: Rochester Institute of Technology,2008.

[113] STEHMAN S V,WICKHAM J D.Pixels,blocks of pixels,and polygons: Choosing a spatial unit for thematic accuracy assessment[J].Remote sensing of environment,2011,115:3044-3055.

[114] STEIN A,DE BEURS K.Complexity metrics to quantify semantic accuracy in segmented Landsat images[J].International journal of remote sensing,2005,26(14):2937-2951.

[115] STUMPF A, KERLE N. Object-oriented mapping of landslides using Random Forests[J]. Remote sensing of environment, 2011, 115(10): 2564-2577.

[116] SWEET J,GRANAHAN J,SHARP M.An objective standard for hyperspectral image quality[C].In:Proceedings of AVIRIS Workshop.Pasadena,2000:1-10.

[117] THURMAN S T,FIENUP J R.Analysis of the general image quality equation[C].In:Visual Information Processing XV.Orlando,2008:1-13.

[118] TIAN Q,HUMNS M N.Algorithms for subpixel registration[J].Computer version graphics and image processing,1986,35(2):220-233.

[119] TOWNSHEND J R G,JUSTICE C O,GURNEY C,et al.The impact of misregistration on change detection[J].IEEE transactions on geoscience and remote sensing,1992,30(5):1054-1060.

[120] TOWNSHEND J R G.Spatial resolution of satellite images[J].Progress in physical geography,1981(5):33-55.

[121] WALTER V. Object-based classification of remote sensing data for change detection[J].ISPRS journal of photogrammetry & remote sensing,2004,58:225-238.

[122] WANG L,SOUSA W P,GONG P,et al.Comparison of IKONOS and QuickBird images for mapping mangrove species on the Caribbean coast of Panama[J].Remote sensing of environment,2004,91(3):432-440.

[123] WANG Y J, QI Q W, LIU Y. Unsupervised segmentation evaluation using area-weighted variance and Jeffries-Matusita distance for remote sensing images[J].Remote sensing,2018,10(8):1193.

[124] WANG Z W,JENSEN J R,IM J. An automatic region-based image segmentation algorithm for remote sensing applications[J].Environmental modelling & software,2010,25(10):1149-1165.

[125] WEIDNER U.Contribution to the assessment of segmentation quality for remote sensing applications[C].In:Proceedings of the 21st Congress for the International Society for Photogrammetry and Remote Sensing. Beijing,2008:479-484.

[126] YANG J,HE Y H,CASPERSEN J.Region merging using local spectral angle thresholds: A more accurate method for hybrid segmentation of remote sensing images[J]. Remote sensing of environment, 2017, 190(3):137-148.

[127] YANG J,HE Y H,WENG Q H.An automated method to parameterize segmentation scale by enhancing intrasegment homogeneity and intersegment heterogeneity[J].IEEE geoscience and remote sensing letters, 2015,12(6):1282-1286.

[128] YANG L, ALBREGTSEN F, LøNNESTAD T, et al. Supervised approach to the evaluation of image segmentation methods[C].In:Proceedings of 6th International Conference: Computer Analysis of Images and Patterns.Prague,1995:759-765.

[129] YE S,JR R G P,RAKSHIT R.A review of accuracy assessment for object-based image analysis: From per-pixel to per-polygon approaches [J]. ISPRS journal of photogrammetry and remote sensing, 2018, 141(7):137-147.

[130] YU Q,GONG P,CHINTON N,et al.Object-based detailed vegetation classification with airborne high spatial resolution remote sensing imagery[J]. Photogrammetric engineering and remote sensing, 2006, 72(7):799-811.

[131] ZHAN Q,MOLENAAR M,TEMPFLI K,et al.Quality assessment for geo-spatial objects derived from remotely sensed image[J].International journal of remote sensing,2005,26(14):2953-2974.

[132] ZHANG X Y,DU S H,WANG Q.Integrating bottom-up classification

and top-down feedback for improving urban land-cover and functional-zone mapping[J].Remote sensing of environment,2018,212:231-248.

[133] ZHANG Y.A review of recent evaluation methods for image segmentation[C]//International Symposium on Signal Processing and its Applications (ISSPA).Kuala Lumpur,2001:148-151.

[134] ZHOU Y N,CHEN Y H,FENG L,et al.Supervised and adaptive feature weighting for object-based classification on satellite images[J]. IEEE journal of selected topics in applied earth observations and remote sensing,2018,11(9):3224-3234.